歴史と
人物を語る

上

池田大作

第三文明社

東京·八王子市の創価大学で、創立者として学生に講義をする著者（2003年3月10日）
©Seikyo Shimbun

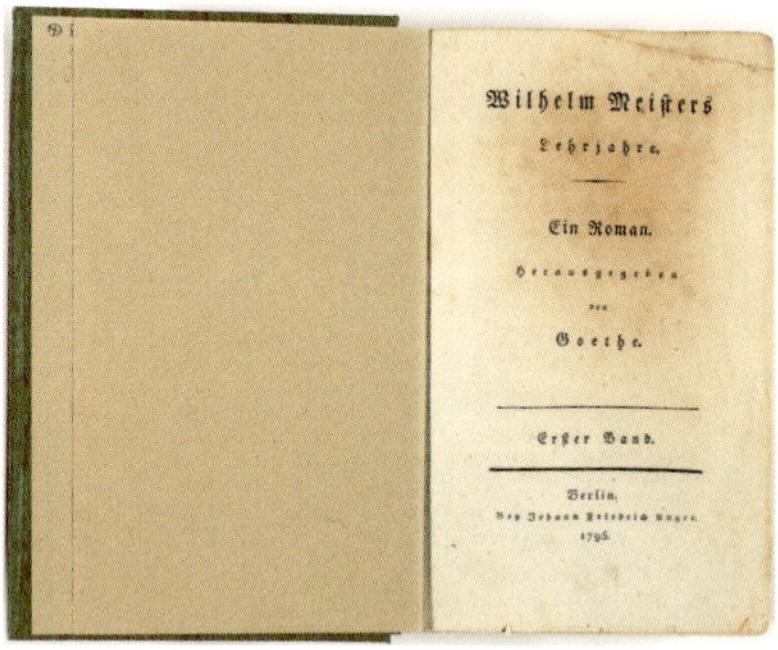

Wilhelm Meisters
Lehrjahre.

Ein Roman.

Herausgegeben
von
Goethe.

Erster Band.

Berlin.
Bey Johann Friedrich Unger.
1795.

ゲーテの長編小説『ヴィルヘルム・マイスターの修業時代』初版本（全4巻、J. F. Unger書店刊、1795～96年、創価大学蔵）。著者は講演で同書の一節を引用している

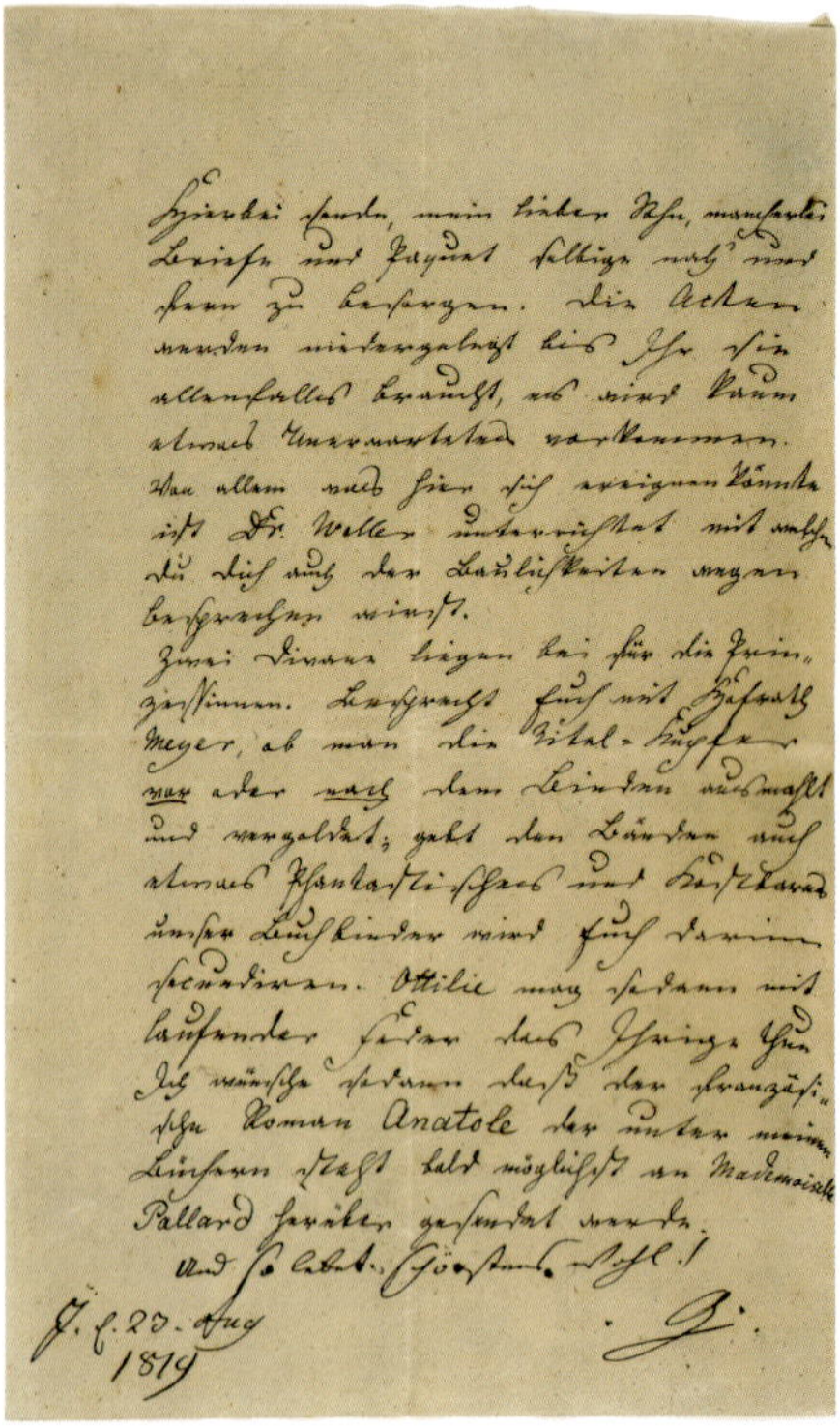

ゲーテの直筆書簡（1819年8月23日、息子のアウグスト宛、創価大学蔵）。ヴァイマル公の孫娘に自作『西東詩集』を謹呈すると述べている。著者は講演で同詩集の一節を引用した

歴史と人物を語る（上）

目次

創価女子短期大学・特別文化講座

永遠に学び勝ちゆく女性 マリー・キュリーを語る

創価学園・特別文化講座

大詩人・ダンテを語る

［凡例］

一、本書は『聖教新聞』に掲載された著者の講演、また同紙で発表された原稿をまとめたものである。収録にあたり、著作権者の了解を得て一部修正した。

一、本文中、御書の御文は、『日蓮大聖人御書全集　新版』に基づき、ページ数を（新〇〇ページ）と示した。あわせて『日蓮大聖人御書全集』（創価学会版、第二七八刷）のページ数を（全〇〇ページ）と記した。

一、引用文の出典は、引用箇所の後に（　）内に記した。同じ文脈での引用については、煩雑さを避けるため、該当箇所の最後に付した。引用中、漢字は新字体に、仮名づかいは現代仮名づかいに改めたものもある。

一、編集部による注は（　）内の＝の後に記した。

装幀　株式会社藤原デザイン事務所
本文レイアウト　株式会社エイブレイン

創価大学・第一回特別文化講座

人間ゲーテを語る

（2003年3月10日）

創価大学・第一回特別文化講座「人間ゲーテを語る」は、二〇〇三年三月十日に創価大学の学生に向けて講演したものです（『聖教新聞』二〇〇三年三月十四日付、十五日付に全文掲載）。

学問は青春の特権　君よ世界を自分のものとせよ

現代の〝若きゲーテ〟

今回は、記念として、少々お時間をいただき、懇談的にお話をさせていただきにまいりました。

卒業される皆さん、私が創立した創価大学に学んでくれて、本当にありがとう。

まず、私が青春時代から好きだったゲーテの言葉を贈りたい。

「誠実に君の時間を利用せよ！／何かを理解しようと思ったら、遠くを探すな」

(『ゲーテの言葉〈新装版〉』高橋健二訳編、彌生書房)

これは、私の座右の言葉でした。

さらにゲーテは言います。

「まことに、青春というものは、ありあまるほど多くの力を内蔵している」(『ヴィルヘルム・マイスターの修業時代』前田敬作・今村孝訳、『ゲーテ全集』7所収、潮出版社)

生き生きと、青春を生きる人間ほど偉大な人間はいない。強いものはない! ――

これがゲーテの誇り高い生き方でした。

自分が決めたこの道で、これから一生涯、戦ってみせる。その原動力は、青春にある! ――こう決めて、私も青年時代を生き抜きました。

現代の〝若きゲーテ〟である諸君、こんにちは!

皆さんの元気な姿を拝見でき、また久しぶりにお目にかかれて、本当にうれしい。

大学の諸先生方も、いつも大変にありがとうございます。

若き日から読み親しんできたゲーテを語る。愛する学生一人一人の「勝利と栄光の人生」を願って（創価大学・本部棟で）
©Seikyo Shimbun

勝利と栄光を勝ち取れ！

卒業生の方、おられますか！

では、三年生！　二年生！　一年生！　学園生！（＝創立者の呼びかけに、会場から次々と元気よく返事が）

とくに卒業される皆さん、本当におめでとう！

いよいよ社会の第一線に出る皆さん、いつまでも健康で！　健康第一です。社会の第一線に立っても、いかなる苦難をも乗り越えて、厳然と、勝利と栄光の人生を勝ち取っていただきたい。

人生は勝負です。勝たなければ自分が損です。不幸です。

その長い人生の土台を築いてくれたのが、わが創価大学です。

どうか一生涯、創価大学を愛してほしい。大事にしてほしい。誇りに思っていただきたい。

そして、お父さま、お母さまに、くれぐれもよろしくお伝えください。これは、私からの切なるお願いです。

重ねて申し上げたい。

卒業する皆さんは、これから、厳しい社会に立ち向かう。

社会は矛盾も多い。いじわるな人間、陰険な人間もいるでしょう。

しかし戦いであり、勝負である以上、断じて負けてはならない。必ず勝利者になってもらいたい。

「お父さん、こんなに給料が増えたよ！」（笑い）と胸を張れるようになってほしい。そうでないと、大切に諸君を育て、最高学府まで行かせてくれたご家族に申しわけない。ご家族に喜んでもらえる、雄々しい自分自身になっていただきたい。

私が創立した創価大学を卒業する皆さんです。私は一生涯、見守っていきます。これは創立者としての責任です。

どうか健康で！　ご活躍を祈ります！

皆がほっとして満足するように

本日の講義は、当初、文学論的次元から、ゲーテを論じようとも思っていました。しかし、本学には、ゲーテ文学の専門家である田中亮平教授がおられる。田中先生、いらっしゃいますか？（＝「はい」と立ち上がる）

田中先生は、創価学園の出身で、東京大学大学院に学んだ秀才であり、日本ゲーテ協会にも所属しておられます。

私も、田中先生と、ゲーテを論じ合ったことが懐かしい（「不滅の巨峰　ゲーテの『詩と真実』」、『世界の文学を語る』所収、潮出版社）。

学生の皆さんも、ゲーテを勉強して、よく知っている人も多いと思います。最近、創大ではゲーテが流行っていて、近くの本屋さんにはゲーテの本がなくなったらしい（笑い）。

でも、初めだけ読んで「ゲーテは難しい」と、後のほうは読んでいないかもしれない（爆笑）。

ドイツの文豪ヨハン・ヴォルフガング・フォン・ゲーテ
（1749 ～ 1832年、写真提供：ユニフォトプレス）

ともあれ、本格的な議論をしたい人は、勉強して田中先生のところへ行ってほしい（爆笑）。

この会場には、学園生の代表も見えておりますし、きょうは難しい論議にならないよう、平易な言葉で、「人間ゲーテ」という次元から光を当てて、話を進めさせていただきたいと思います。

難解な、大学での講演という形でなく、一緒にヤキイモを食べながら、せんべいを食べながら語り合うような、ゆったりとした気持ちで聞いていただきたい。

皆がほっとして、「ああ楽しかった」「ああ疲れがとれた」と満足していただけるような講義になればと願っています。

では、始めましょう！

頑固一徹の父「最後までやり遂げよ」

ゲーテの家族について見てみたい。

一七四九年八月二十八日、ゲーテは、フランクフルトで生まれた。三十九歳の資産家の父と、十八歳の母の長男でした。

教養豊かな父のもとで、ゲーテは、幼少のころから、万般《ばんぱん》の学問を厳しく教えられた。父がつくったとされる教科課程は、ラテン語、ギリシャ語、ヘブライ語、フランス語、英語、イタリア語などの語学。さらに歴史、地理、宗教、自然科学、数学、音楽、舞踏、剣術、乗馬など、じつに多岐にわたっています。

ゲーテの父は、中途半端を非常に嫌う性格でした。

何事であれ、ひとたび始めたならば、断固として最後までやり遂げる。押し通す。

そうしなければ気がすまないという、一徹な父でした。

例えば、長い冬のある夜のこと。古い歴史の本を家族で読み合いました。それは、まったく面白くない退屈な本でした。

しかし、いったん本を読み始めたのだから、最後まで朗読し続ける。こういう父だったのです（『詩と真実　第一部』山崎章甫訳、前掲全集9所収、参照）。

性格は、そうそう変わるものではない。

だから、「ああ、お父さんはこういう性格なんだ」と受けいれる心の余裕と聡明さが大事だ。その努力が人間学であり、人間教育です。

さて、そうやって、〝いやいやながら〟取り組んだ朗読から、多くのものがゲーテの記憶に深く深く残った。それが、後々、大いに役立つ。それらすべてが、彼を大詩人へと、つくり上げていったのです。

すべてに無駄はない。また、無駄にしない。ここに、歴史を残す「偉大な人間」になるか、「普通の人間」として終わるかの境目があるのです。教育の重要性の一端が、ここに隠されています。

聡明な母「世界は喜びにあふれている」

一方、ゲーテの母はどういう人だったか。

彼女は、優しく明るい女性だったといわれています。母は太陽です。お母さんが明るいというのは、家族にとって一番の幸福です。

ゲーテの母は、「人や物を見るすこやかな眼《め》」を持ち、「つねに朗らかで快活な心」が弾んでいる人でした（アルベルト・ビルショフスキ『ゲーテ——その生涯と作品』高橋義孝・佐藤正樹訳、岩波書店）。だれもが、彼女に会うと楽しい気持ちになったといいます。

また彼女は、強く勇敢な女性でした。戦時中のこと。皆がフランクフルトを逃げ出す中、彼女だけは、にこやかに語りました。

「臆病者は全部出て行ってしまえばいい、と私は思っていました。そうすればもう、臆病風は誰にも感染しませんから」（リヒァルト・フリーデンタール『ゲーテ―その生涯と時代―』上、平野雅史・小松原千里・森良文・三木正之訳、講談社）

この強く明るい母は、息子ゲーテに教えました。

「この世界には（中略）あまたの悦《よろこ》びがあるのです！　その探し方に通じていさえすればいいので、そうすればきっと悦びが見つかります」（ハイネマン『ゲーテ伝』1、大野俊一訳、岩波書店）

この世界は、悲しい世界ではない。苦しい世界でもない。喜びにあふれた素晴らしい世界なのよ！——この聡明な母のもとで、ゲーテは育っていきます。

母は強い。正義に生きるから強いのです。

たとえお金がなくても心の財産がある！——そうやって豊かな知恵で、豊かな心で、子どもを育てていけばいいのです。

「生きる為に学べ、学ぶ為に生きよ」

母はゲーテに、何よりも文学や物語の喜びを伝えていきました。幼いゲーテは、母が語ってくれる物語を聞くことが何より楽しかった。

ドイツ・フランクフルトのゲーテの家を訪問（1981年5月）。文豪の精神闘争をしのぶ
©Seikyo Shimbun

ゲーテ自身、「母からは想像力の生みだす、とらえうるすべてを明るく力づよく表現する才能、周知の物語に新鮮味をあたえ、別の物語を創作して語り、語りながら創作してゆく天分をうけついだ」（河原忠彦訳、前掲『詩と真実　第二部』）と誇りをもって書いています。

子どもというのは、そういうものです。女子学生の皆さんも、将来、お母さんになったら、その時は頼むね。（＝「はい！」）

現代でも、母親は子どもに向かって、「テレビを切りなさい！」「本、読んでるの？」「あしたの試験は大丈夫⁉」と、口うるさいのがふつうだ（笑い）。

もう少しうまく、ゲーテのお母さんみたいに聡明になれる人が、本当の教育がある人です。

教育は生活に表れる。何げない日常の暮らしにも、優雅さがあり、賢明さが光っていく。

いくら学問をしていても、家に帰ったら〝野蛮人〟（爆笑）。ここにも日本人の教育観の貧しさがあると言えましょう。

ゲーテの母の人生のモットーは何か。それは、「生きる為に学べ、学ぶ為に生きよ」（ブランデス『ゲエテ研究』栗原佑訳、ナウカ社）でありました。

彼女は、のちに「すべての母の中で最もすぐれた母」（前掲『ゲーテ―その生涯と時代―』上）と讃《たた》えられます。

しかし、「私にふさわしくない称讃を私は受け容《い》れるつもりはありません」（同前）と全然、相手にしない。見栄や気取りもなく、聡明に生き抜いた、平凡にして偉大な母でした。

こうして、両親のよいところを伸びやかに受け継ぎながら、「人間ゲーテ」は、形成されていったのです。

田中先生、ここまでは、よろしいでしょうか？（＝田中教授が「はい」と）いいそうです（笑い）。ありがとう。

ところで、先ほども触れましたが、ゲーテの作品に挑戦している皆さんも多いようです。

一般に、外国文学は、物語の本筋に入るまでが長い。翻訳がわかりづらい場合もある。たいてい、嫌になってしまう。そこを我慢して通り越すと、ぐっとわかるようになり、面白くなるものです。

ということで、講義を続けましょう。

運命を変える道

ゲーテの父母は、その後、どうであったか。

父は資産家だったので、定職に就かず、ほとんど家ですごします。

両親とも、当時としては珍しく長寿でした。父は七十二歳、母は七十七歳の年まで生き、天寿をまっとうしました。

ゲーテは、六人きょうだいの長男。しかし、下の四人の弟妹は、幼くして亡くなっている。すぐ下の妹も、二十六歳の若さで亡くなっています。

またゲーテは、のちに結婚して、五人の子どもが生まれます。

しかし、長男を除いて、下の四人は早く亡くなる。

唯一の子となった長男は、ゲーテが四十歳の時の子です。ゲーテは、大変にかわいがりました。

この長男は、やがて、父ゲーテの助手などを務めます。

しかし、「ゲーテの息子」という重荷に耐えかね、酒におぼれ、ローマで客死《かくし》しました。享年四十歳でした。

長男の死は、ゲーテが亡くなる一年半前のこと。ゲーテにとって大きな衝撃でした。

さらに、ゲーテには三人の孫がいました。長男の子どもで、二人の息子と娘一人です。息子は二人とも六十五歳まで生きたが、どちらも生涯、独身であった。娘は、十七歳の時、病気で亡くなった。このため、ゲーテの血筋は、孫の代で途絶えることになったのです。

ともあれ、生死という宿命の嵐は、文豪を晩年まで襲ったのです。学問だけでは、教育だけでは、運命を、宿命を転換することはできません。ここに、宗教を志向せざるを得ない必然性があります。

皆さんは長生きしてください。お父さんやお母さんも、長生きしていただきなさい。

健康と長寿のために、あらゆる知恵を使い、あらゆる工夫をしてください。

大学は真理探求の戦いの場

さて、ゲーテの学生時代は、どうであったか。

ゲーテは、父の勧めによって、名門のライプチヒ大学に入学。十六歳でした。父は、息子の社会的成功を願い、法律を学ぶように強く要望します。しかしゲーテは、法律には、あまり興味がわかない。文学や歴史を学びたい。平板《へいばん》で退屈な大学の講義にも、熱意をそがれました。ゲーテが講義を聴くと、すでに知っていることばかりだったのです。

教員は、うかうかしていられません。厳しい、うるさい、納得いくまで何でも突いてくる――こういう学生だと、当然、教員も真剣になる。

ある教員はゲーテの詩を非難。その教員の文学作品に対し、今度はゲーテが詩をもって痛烈に反撃。いわば、ゲーテと教員の戦いになった。実際、ゲーテのほうが進

イタリア旅行中の文豪を描いた油彩画「カンパーニャのゲーテ」（ヨハン・ハインリヒ・ヴィルヘルム・ティシュバイン作、1787年、写真提供：ユニフォトプレス）

んでいたのです。教員が、学生のゲーテにかなわない。これでは教えるほうも嫌になったかもしれません。

ゲーテは言います。

「長老教授のうちのある人たちは、すでに長年のあいだ進歩することなく、全体としていえば、固定化した見解のみを伝え、個々のものに関していえば、すでに時代が無用なもの、誤ったものと断定した多くのことを教える」（山崎章甫訳、前掲『詩と真実　第二部』）

つまり、新しいものに取り組むことなく、時代遅れのこと、まちがったことを教える場合があったというのです。

創価大学は違うと私は信じます。

教員の先生方、いつもありがとうございます。心から感謝します。

ゲーテにとって、大学は、荒れ果てた、さえない学識の場にすぎませんでした。こういう教育ではいけない。偉大な人物は出ない。ゲーテは困惑し、強く反発します。

しかし、だからといって、彼は、大学生活を無駄にしたり、青春を浪費したりはしなかった。賢明に、生き生きと、前へ進んでいきます。

世界に波動を！　自らの手で

ゲーテが最も憧《あこが》れてやまなかったもの——それは「詩人」でした。自分は詩人になろう——それは心の中に秘めた思いでした。

ゲーテは、すでに七歳の時から、詩を書いていました。詩が好きだったのです。また、演劇にも興味を抱《いだ》き、十歳になるころには自分で劇を上演したり、戯曲を書いたりしています。

文学の翼を、自ら鍛え広げよう！——学生時代、ゲーテは、ひそかに決心する。文で人の心を動かそう！　文で世界に波動を広げよう！　新しい時代をつくろう！自分がやってみよう！——そう決めるところから、一人の偉大な人間革命が始まる。

そのためゲーテは、学生時代、文芸や科学、言語、歴史など、あらゆる領域の学問を貪欲《どんよく》に吸収していく。

民衆の幸福のため、永遠の平和のために、自分は世界を動かすんだ！　人の心を動かす人間になるんだ！——こう決めた人間は強い。諸君は、そうあってもらいたい。

ゲーテは、さまざまな文学作品を、読んで読んで読み抜いていく。興味本位の、くだらない本など読まない。シェークスピアやルソーなど、外国の文学も含め、あらゆる名作を深く読み込んでいったことは有名です。

また自らも、多くの詩や戯曲を生み出していった。すなわち文を書いて書いて書き抜いた。学問を身につける上でも、「書く」ことは、とても大事です。

こうした学生時代の主体的な学びの努力が、目覚ましいほど豊かな人間形成の糧《かて》となったことは当然です。

書かなくてはいけない。読まなくてはいけない。それが、青春時代の特権です。大人になってからも、同じです。勉強しない人間、読まない人間、学ばない人間は、どうしても頭が硬直化してしまう。

それでは子どもからも好かれないし、人からも好かれないでしょう。そういう愚かな人生であってはならない。

真実を語れ！　それが詩人

ゲーテにとって、「詩人」とは何であったか。これは、彼自身の大きなテーマでした。彼は言います。

「わずかばかりの主観的な感情を吐露《とろ》しているかぎりは、まだ詩人などといえたものではない」（エッカーマン『ゲーテとの対話』上、山下肇訳、岩波書店）

「世界を自分のものにして表現できるようになれば、もうその人は文句なしに詩人だ」（同前）

精神の王者になる。それが本当の詩人です。すべての次元で、それが根本です。

さらにゲーテは言う。

「詩人は真実を語るものだが、それが世間の人の気に入らないこともあるさ」（同前）

たとえ世間から怒号を浴びようとも、真実を語るペンの勇者が、本当の詩人です。

そして「詩人は歴史をのり越えて、できるかぎり、もっと高いもの、もっとよいものを、与えてくれなければ嘘だ」（同前）と。

よりよい、より高い精神性へと人々を導く崇高《すうこう》な作業こそ、詩の魂なのです。ゲーテにとって、詩とは、また文学とは、自身の使命の精神闘争の出発であり、結論でありました。

ゲーテは、十九歳になる年に、生死の境をさまよう大病を患います。ライプチヒ大学を、三年で中断することになってしまう。病気を治すために静養せざるを得ない。彼は故郷に戻りました。それは一年半に及びました。

しかしゲーテは、その試練の日々をも、自分自身を見つめ直す機会とした。自分自身を、より深く洞察する時間にしていったのです。

よき「出会い」は人生の宝

その後、ゲーテは、再び故郷を離れ、さらに一年余、ストラスブール大学で学びます。その地で、彼に大きな影響を与えた出会いがありました。ここからが彼の人生の本番とも言えましょう。

大事なのは「出会い」です。一人では偉大になれない。偉業は達成できない。必ず何らかの出会いがある。ゲーテにとって、それは、思想家ヘルダーとの出会いでした。偉大な人間と出会う。同志と出会う。生涯の師と出会う――出会えない人間は不幸です。

つまらない人間との出会い、悪に堕落《だらく》していくような出会いではなく、高い理想に向かって、人間が人間として勝利しゆく真実の出会いこそ、最高の人生の道なのです。

思想家ヘルダーについて知っている人はいますか?（＝「はい！」と多くの学生が返事を）

すごい。これなら話さなくてもいいですね。

ドイツの思想家であり文学者であるヘルダー。彼は、十八世紀後半、「人間性の解放」を訴える革命的なドイツの文芸運動「疾風怒濤《しっぷうどとう》（シュトルム・ウント・ドラング）」の若き先駆者です。

代表作に『人類の歴史哲学のための諸理念』などがあります。

二十一歳の無名の学生であったゲーテは、自ら求めて、五歳年上のヘルダーを師匠として学びます。いい先輩が大事です。いい友達も大事。いい後輩も大事。人生の宝は、人と人とのつながりです。

ヘルダーのおかげで、ゲーテは、広い世界の文学、世界の諸民族の詩、民謡などへの目を開いていきます。その鍛錬《たんれん》の時期を「素晴らしい、予感にみちた、仕合せな日々」（『詩と真実　第二部』山崎章甫訳、岩波書店）とゲーテは呼んでいます。

よき先輩、よき友情、よき先生、これで人生は決まるのです。ヘルダーは大変厳しかった。しかしゲーテは、自分が傲慢《ごうまん》になる可能性を正してくれた、と後々まで感謝しています。

厳しき薫陶《くんとう》こそ幸福

ヘルダーは呼びかけました。

「時代の澱《おり》のなかにあっても絶望してはならない。何が襲い、何が邪魔しようとも、——教育をつづけるのだ。苦難が大きいだけ、いっそうよい、たしかな、しっかりした教育をつづけるのだ」(小栗浩訳、「人間性形成のための歴史哲学異説」、『世界の名著』続7所収、中央公論社)

これが彼の叫びです。

大事なのは教育です。人間しか教育は受けられないのです。大学まで進み、教育を受けられる——どれほど皆さんのお父さん、お母さんは偉いか。深く感謝しなければならない。

ヘルダーは、すでに文壇《ぶんだん》の若きリーダーとして活躍していました。ゲーテは、ヘルダーがその地に滞在していることを知り、ぜひ会いたいと願っていた。ある時、偶然、ヘルダーの姿を見かけるや、ゲーテは青年らしく、自分から声をかけます。毎日のように、足繁《あししげ》く学びに行きます。ヘルダーの「該博《がいはく》な知識」「深い識見」に、ゲーテは心を打たれます。

このヘルダーとの対話によって、ゲーテは、文学とは何かを学んでいきます。

ヘルダーの厳しさは並大抵ではなかった。ゲーテに対しても、それはそれは厳しくあたりました。叱責《しっせき》や非難、罵倒《ばとう》、嘲笑《ちょうしょう》。そういうふうにして試練を与えた。また、ゲーテの学問に見栄や虚飾などを感じると、ヘルダーは、辛辣《しんらつ》な言葉を投げつけました。虚栄をかなぐり捨ててこそ、一流の人になれるのです。ゲーテは、その厳しさ、痛烈さにも、喜んでついていった。なんとしてもついていこうとするゲーテも偉い。偉大な人間が、偉大な人間をつくる。それが本当の師弟であり、友情です。

しかし今、ヘルダーのように厳しくしたら、みんなどこかへ逃げ出すでしょう。

また逆に、つく人をまちがえたら惨《みじ》めです。皆さんも、よくよく心してください。

ゲーテは、充実した青春の日々を、こう振り返っています。

「ただの一日として、私にきわめて有益な教訓をうけない日はなかった」(『詩と真実 第二部』河原忠彦訳、前掲全集9所収)

それまでのゲーテは、作品を書けば、いつも周りから賞讃されました。しかし、ぬるま湯のような世界からは、本当の実力は育ちません。

ゲーテは、わが身を振り返って、「こんな義理のお世辞からは、けっきょく空疎《くうそ》な、互いの自己満足にしかすぎない表現が生ずるだけである」(同前)と言っています。

生ぬるい人生では、生ぬるい作品しかできない。慈愛あふれる厳しさを知らなければ、本当の成長はない。人間革命できない。偉大な作品も生まれません。

ゲーテには、求道の心が光っていました。

「ときどきより高度の技量を目ざして鍛えなければ、そんな空語《くうご》を弄《ろう》しているうちに個性はわけなく失われてしまうものである」(同前)

二度とない青春時代だ。本当に訓練してほしい——その心が自分を大きくする。強くする。

ゲーテは自ら望んで、厳しい先輩につきました。人生、一人では勝てない。成長できない。だから学校がある。友人がいる。人と人の間にいるのが「人間」です。ゲーテにとって、ヘルダーの峻厳《しゅんげん》な薫陶《くんとう》を受けること、それ自体が喜びであり、感謝でありました。

ゲーテ自身、こう語っています。

「自己満足、うぬぼれ、虚栄、自負、高慢といったような、私の心中に巣食い、あるいは働いていたいっさいのものが、きわめて厳しい試練にさらされることになったのは、なんとしても幸福といわざるをえなかった」（同前）

訓練してくれる人がいるということが、成長を目指す人間にとって、一番幸せな場合がある。かといって、威張《いば》った傲慢な人間に見くだされては不幸です。見極めるのは皆さんです。自分が聡明さを持つことです。

ゲーテは語っています。

「人間が一人でいるというのは、よくないことだ」「ことに一人で仕事をするのはよくない。むしろ何事かをなしとげようと思ったら、他人の協力と刺戟《しげき》が必要だ」（前

掲『ゲーテとの対話』中）

一人でコツコツやることは大事です。しかし、それだけでは、大業は成し遂げられない。

創価の若人《わこうど》に勝利あれ　正義の炎を永遠に

努力！　今、人生の骨格を築け

ゲーテは、二十歳前後の学生時代に、詩人、作家としての骨格を築いていった。

二十歳前後は一番大事です。多くのことが、ここで決まる。私の体験からも、そう言えます。

「自分自身の骨格を築く」ことが、学生時代、青年時代の一つの目的であることを忘れてはなりません。

のちに、七十五歳のゲーテは、進路の相談に訪れた青年に対して、「重要なことは」

「けっして使い尽すことのない資本をつくることだ」（前掲『ゲーテとの対話』上）と諭《さと》し、その青年にふさわしい道へと導いていったことも有名な話です。

このことを、よく思索してもらいたいのです。

青年は、自分自身の目的を真剣に見つめよ！

そのための揺るぎない土台を完璧につくれ！

これもまた、ゲーテの人間学の一つでしょう。

ゲーテの言葉に、「いやしくもなんらかの道にたずさわる人は、最高のものをめざして努力すべきである」（『芸術論』芦津丈夫訳、前掲『ゲーテ全集』13所収）とある通りです。

ガンジーは獄中でゲーテを愛読

現在、名誉なことに、世界各地の大学などで「ガンジー・キング・イケダ——平和建設の遺産」展が開催されています。

（＝創価大学創立者の平和行動に深く共鳴したアメリカのモアハウス大学キング国際チャペル、

ガンジー非暴力研究所などの尽力により、二〇〇一年にモアハウス大学で初の開催。創立者を、〝マハトマ・ガンジー、キング博士の非暴力の闘争の継承者〟と評価している）

かつて、このマハトマ・ガンジーが、非暴力の闘争で獄中にいた。偉大になる人間は、迫害され、苦難にあっているものです。順調に、苦労もせず偉くなった人間は、本当は偉くない。偉そうに見えても、それは一つの格好、形式にすぎないのです。

その獄中でガンジーは、ゲーテの名作『ファウスト』を愛読した。真剣に読んだ。これは、知る人ぞ知る逸話です。重要な事実です。

これを知った時、私は感動しました。

ガンジーと同時代に、「創価教育の創始者」である牧口先生は、日本の国家主義と戦い、殉教《じゅんきょう》を遂げる直前まで、カントの哲学を精読しておられた。その姿と重なり合うように感じたからです。

人間の内奥《ないおう》から発する崇高《すうこう》な光

真実の探求者、そしてまた正義の闘士は、たとえ牢獄に囚《とら》われても、その魂は光っているのです。反対に、牢獄の外で動いている人間であっても、その魂が光っているかどうかはわかりません。

偉大な人は、どこに行っても光っている。その「魂の光」をつくるのが教育です。正義の戦いです。

光る人とは、ただテレビ等で流れてくるような有名人や虚栄人ではない。人間の内奥《ないおう》から発する崇高な光――これを輝かせていく。それが最極最高の勝利者なのです。いくらいい格好をつくろっても、それは幻であり、幽霊みたいなものだ。社会的にどれほど有名になっても、財宝を無量に持った人でも、探求と正義の志を閉ざしてしまえば、その人の魂は暗闇です。

ここです、人間の真髄《しんずい》の道は。これを今、教える人がいない。哲学者がいない。正義の人間がいないのです。

世渡りがうまい、口がうまい、頭はいい――そういう人はいる。しかし、虚飾の人は、利口そうに見えて、本当は愚かです。人間として、一番大事なことを知らないからです。

ゲーテは言いました。

「名声は求めて得られるものではない。それをどんなに追い廻《まわ》したところで、無駄さ。利口に立ちまわって、いろいろと策を弄し、まあ一種の名声を挙げることはできるかもしれないが、心の内に宝石がなければそれは空《むな》しいもので、永つづきするはずもないよ」(前掲『ゲーテとの対話』下)

それでは本当の幸福じゃないよ――と。私も賛成です。

人々のために「鉄の忍耐」「石の辛抱《しんぼう》」で

じつに六十年の歳月をかけて完成させた、あの『ファウスト』に、ゲーテが死の直前、最後に筆を入れた一行があります。

それは何であったか。

「自由な土地に自由な民とともに生きたい」（『ファウスト』手塚富雄訳、中央公論社）という、大いなる願いを込めた一文でありました。

思えばゲーテは、青春時代から、こうした、理想の社会をつくるという大願を抱いていました。

二十五歳で小説『若きウェルテルの悩み』を著《あらわ》した後、ゲーテは、ワイマールの君主からの招聘《しょうへい》に応じます。そして、この国で十年間、総力をあげて、「政治の変革」に身を投じていきました。

ゲーテはつづりました。

「人格形成がある段階に達したら、より大きな集団に身を投じることをおぼえ、自分以外の人びとのために生き、義務にかなった活動に没頭することを習うのが、身のためになります。そうなってはじめて、自分自身を知ることができるのです」（前掲『ヴィルヘルム・マイスターの修業時代』）

これをゲーテは自分自身に課したのです。

当時は、多くの庶民が、重い税金と、頻発《ひんぱつ》する大火、洪水に苦しんでいた。財政は、為政者の無責任のために、完全に疲弊《ひへい》し切っていた。

彼、ゲーテは、この厳しき現実の中にあって、大臣として責任を一身に担いました。財政の立て直し。また農業、林業、鉱業などの産業の促進。道路建設や治水。さらに教育・学術の振興。そして進歩的な福祉の導入——これらを一つひとつ、確実に実現していきました。

「鉄の忍耐!」

「石の辛抱《しんぼう》!」(トーマス・マン『ゲーテとトルストイ』〈山崎章甫・高橋重臣訳、岩波書店〉で紹介された「日記」)

ゲーテはこう自分自身に言い聞かせながら、庶民の幸福を願って、力の限界まで働いた。戦った。その姿は、「『自分は戦い抜いた』。こう言える人になりたまえ!」と後進に身をもって教えるかのようでした。

ゲーテの偉大なる数々の業績は、政治の世界に人道主義の精神を取り入れたと、高く評価されています。

この事実を、私は、心ある今の政治家にも知ってもらいたいし、ゲーテを読んでもらいたい。

ゲーテのような詩人政治家、詩人の魂をもった政治家が少なくなったと嘆《なげ》く人は多い。要するに、詩も文学も教育も政治も――本来、全部、つながっている。ゲーテは詩や小説を書いただけ――そう思ったとしたら、とんでもない。

政治をはじめ、あらゆる人間と社会の課題に立ち向かっていくのが、本当の詩人であり、文学者であり、教育者です。「宗教と政治」の関係も、それとまったく同じ道理です。

正義を傷つけることはすべて嘘

ゲーテは喝破《かっぱ》しました。「人間がほんとに悪くなると、人を傷つけて喜ぶこと以外に興味を持たなくなる」〈前掲『ゲーテの言葉〈新装版〉』〉

人間、そこまで行ってしまう。今の世相も、そうかもしれません。

若き日のゲーテは、ルソーの思想について、師匠のヘルダーと語り合っています。

ルソーは断言します。

「正義を傷つけることはすべて嘘なのである」（『孤独な散歩者の夢想』今野一雄訳、岩波書店）

讒言《ざんげん》――悪質なデマは正義の人を陥《おとしい》れる常套《じょうとう》手段です。

私自身、讒言で攻撃されてきた。事実無根の嘘であり、金もうけのための作り話である。裁判においても厳然と勝利している。神聖な教育の場であるゆえに、あえて明言しておきたい。

ゲーテも、手塩にかけた「ワイマール劇場」の劇場監督の要職を、恩知らずな野心の女優の画策によって、何のいわれもないのに追放されたことがあった。

自らの汗でつくり上げたものを、取り上げられたのです。

この構図こそ、古今東西を問わず、人間社会の暗黒の闇と言ってよい。

正義の人に対する讒言の一典型として、私が信奉する日蓮大聖人の言論闘争について触れておきたい。平和の世紀を担う皆さんのために。

ドイツ・ワイマールの国民劇場前に立つゲーテと盟友シラーの像　（Adobe Stock）

日蓮大聖人が、伊豆と佐渡に二度、流罪されたのも、まったく事実無根の讒言によるものでした。

大聖人は、悪辣《あくらつ》この上ないデマによって、「犯僧《ぼんそう》」という根も葉もない悪名を、世の中にまき散らされた。さらにまた、大聖人への嫉妬《しっと》に狂った極悪の坊主・良観は、作り話の讒言による裁判を起こしたのです。

大聖人は、痛烈に反撃されました。

〝そのことについての、確かな証人を出しなさい〟

〝証拠がないのなら、現実に悪事をしているのは、あなたたちではないか！

その罪を私になすりつけているのだ〟（新八七一ページ・全一八一ページ、趣意）

大聖人は、人々を惑《まど》わす妄説《もうせつ》に対して、「いずれの月」「いずれの日」「いずれの時」のことなのか、「だれが書き残したのか」――これらを一つひとつ、厳格に問いつめて、嘘を暴《あば》いていかれました（新二四八ページ・全三二九ページ）。

青年ならば、学生ならば、正義の言論戦の魂を炎と燃やして、戦い抜いていただきたい。

ゲーテの結婚

ここで話はパッと変わる。〝ゲーテの結婚〟について。ゲーテの事実上の結婚は三十八歳。一七八八年七月のことでした。

すでにゲーテは、作家として確固たる名声を勝ち得ていた。政治家としても、十年以上にわたって活躍していた。

その彼が、〝結婚〟の相手に選んだのは、どういう人だったか。知ってる人？（=

「はい」と女子学生が手を挙げ、「庶民の女性です」と)

そうです。すごいね!

名家の女性でもない。とくに学問ある女性でもない。美貌《びぼう》の女性でもない。ゲーテの妻となったのは、町の造花工場で働く、平凡な女性でありました。当時、二十三歳。

どうして知っていたのですか?(=女子学生が「母から教わりました」)

それは、お母さんが偉い。

名前は……田中先生、どうでしょう。(=田中教授、「クリスティアーネ・ヴルピウスです」)

彼女は、きちんとした教育は受けていなかった。両親を亡くし、貧しい生活であった。しかし、朗らかで明るく逞《たくま》しい、気だてのいい娘さんであったといわれています。

政治家であったゲーテにあてて、就職を取りはからってくれるように頼む兄の嘆《たん》願《がん》書を、彼女が直接、ゲーテに届けた。彼女と語り合う中で、ゲーテは、心をひかれていった。そして二人は、事実上の夫婦として、一緒に暮らすようになりました。

(=正式な結婚は、その十八年後の一八〇六年十月)

「性悪《しょうわる》の連中など気にしません」

それは、当時の封建的な階級社会には、およそ受け入れられない〝身分違い〟の結婚でした。

周囲は、囂々《ごうごう》たる非難や嘲笑を浴びせます。

しかし、彼女はすべてに、明るく耐え抜いた。上流階級の女性たちから、どんなに嫉妬の悪口を言われようと、彼女は平然としていた。そして、彼女からは、だれの悪口も言わない。噂話も、一切、口にしない。聡明な女性だった。

ゲーテは、この心美しき妻を、徹して守り、励ました。こういう手紙を送っています。

「世間の人たちが君のよい状態を快く思わず、それを損なおうとしても、世の中とはそうしたもので、それは逃れられないことだと思いなさい」（エッカルト・クレスマン『ゲーテが愛した妻クリスティアーネ』重原眞知子訳、あむすく）

手紙は、こう続けてありました。

「今私の作品をけなすことを商売にしているような性悪《しょうわる》の連中がたくさんいます。

私はそんなことは気にせずに仕事を続けています」（同前）
ゲーテは非難・中傷にも、悠然としていたのです。

世間の妬《ねた》みや無理解以外にも、彼女には苦労が多かった。

先ほども触れた通り、二人の間には五人の子どもが生まれたが、無事に育ったのは長男だけで、あとの四人は、いずれも、生まれてすぐに亡くなった。

大変な悲嘆の出来事です。二男は死産。長女も三男も十数日で死亡。二女は三日で亡くなったといわれる。

こうした筆舌に尽くせぬ悲しみを、二人は、ともに乗り越え、ともに人生を深めていった。ともに強く生き抜いて勝っていった。

苦労が多いから不幸なのか。そうではない。

人生は戦いです。戦って戦い抜いて、どんな不幸も乗り越えていっていただきたい。

苦労があってもなくても、何ものにも左右されない絶対の「幸福」をつかむのです。

私は、それを訴えたいのです。

弱気になってはいけません！

彼女は、ゲーテを献身的に支えました。

ゲーテの筆がなかなか進まない時は、「そのうちうまくいくでしょう。すぐに弱気になってはいけません」（同前）と、明るく励ました。せき立てはしない。言い方が非常にうまい。

また、ゲーテが重い病で、九日間も意識不明の重体に陥《おちい》った時、彼女は、わが身をなげうって看病にあたりました。さらに、ナポレオン軍が侵略し、ゲーテに危害を及ぼそうとした時には、敢然と立ち向かい、身をもってゲーテを守り抜いた。どこまでも健気《けなげ》な妻でありました。大変有名なエピソードです。

「ゲーテ夫人」となっても、自分らしさを失わない。まったく変わらなかった。見栄を張らず、地道な生活を精いっぱい楽しんで、生き生きと生き抜きました。

ゲーテは、妻について、「彼女が私の家に来てからというもの、私は楽しい思いばかりをさせてもらいました」（同前）と感謝を込めて紹介しています。

彼女が亡くなったのは一八一六年六月。五十一歳の年。ゲーテが六十六歳の時でありました。

その衝撃をゲーテは、日記に、こう記《しる》しています。

「彼女は昼ごろに世を去った。私の内と外は空虚でしんと静まりかえっている」（同前）

「ここから見るライン河が一番美しい」

ゲーテは六十五歳の年に、現在のビンゲン市を訪れ、ドイツSGI（＝現・ドイツ創価学会）「ヴィラ・ザクセン総合文化センター」の近くにある教会を訪問しています。前にはライン河。小高い山があって、そこから見た景色が美しい。ゲーテは、その様子を「ライン紀行」に記しています。

「ここから見るライン河が一番美しい」――これはゲーテの有名な言葉です。皆さんも、いつか行ってください。

ゲーテが「ここから見るライン河が一番美しい」と讃えたビンゲン市の景勝地には、ドイツ創価学会のヴィラ・ザクセン総合文化センターが建つ　©Seikyo Shimbun

ゲーテは、ビンゲンの市民の力で、この山の緑地が保護され、後世の人々の喜びとなることを願っていた。その通りになっています。

ヴィラ・ザクセン総合文化センターでは、このゲーテの心を体《たい》し、ゆかりの地の自然や文化を守るとともに、ゲーテの「生誕二百五十周年」の祝賀行事も盛大に行いました（一九九九年九月）。地元の新聞でも報道されました。

この一帯を含むライン河流域は、現在、ユネスコ（国連教育科学文化機関）の「世界遺産」に指定されています。センターの建物と庭園も、市の重要文化財として、市民の方々に広く親しまれていることも、付け加えておきたい。また、著名なドイツ古城協会が、「文化遺産の保護の模範」であるとして、昨年（二〇〇二年）、私に「特別顕彰状」を贈ってくださいました。

死の直前まで生き生きと働く

ゲーテが死んだ時の様子は、どうであったか。いつ、どこで死んだか。どういう死に方だったのか——。人は皆、必ず死ぬ。だからこそ私は語っておきたい。

ゲーテが亡くなったのは、一八三二年の三月。詳しく言えば、三月二十二日の午前十一時半とされている。

彼が長年、すごした、ワイマールの自宅で亡くなりました。八十二歳と七カ月という長寿であった。戦い抜いて、長生きしたんです。

その年の三月は、寒さが厳しかった。それでもゲーテは、いつものように仕事を続ける。訪問客を受け入れて対話をする。意気軒高にすごした。偉人は、死の直前まで、生き生きと働いていた。

しかし三月十五日ごろ、風邪をひく。一度は回復するが、その後、悪寒《おかん》や激しい胸の痛みに襲われる。そしてそのまま、長く苦しむことなく死んでいった。去っていった。医師の下した死因は「カタル熱、肺炎、呼吸困難、心不全」（前掲『ゲーテ―その生涯と時代―』下）でした。

ゲーテは、妻にも、一人息子にも先立たれる。一人であった。妻は十六年前、息子は一年半前に亡くなる。彼の死を看取《みと》ったのは、息子の妻や、主治医、書記や侍僕《じぼく》など数人であった。また、他の部屋には、孫たちや政府の高官らが控えていた。

その日――ゲーテは侍僕に日付を確認する。きょうは何日だ？　三月二十二日と知ると、こう言う。

「ではもう春だね。なおりも早かろう」（同前）

やがて、ベッドの横の肘掛け椅子に腰をそっとおろし、そのまま、眠るように亡くなった。医師は、それは「まれに見る穏やかな死」（前掲『ゲーテ――その生涯と作品』）

であったと報告を残している。

もっと光を！　もっと対話を！

ゲーテの最後の言葉は、「もっと光を」であったと伝えられる。これは、実際は「部屋のよろい戸を開けて」「もっと光がはいるように」（同前）との意味であったとも解釈されている。

それはそれとして、この言葉について、師である戸田先生は、私に語られていた。

「『もっと光を』という一言からは、『もっと世界を見つめたい』『もっと世界から学びたい』『もっと世界と対話したい』、さらに『もっと世界のために生きて、そして、もっと世界のために行動したい』とのゲーテの生命の奥底《おうてい》からの叫びが、聞こえてくるようではないか」

それが師弟の語らいの一つの結論でありました。

先生とは、何度も語り合いました。先生も私が文学が好きなのを知っていますから、ひまさえあれば語っておりました。

ゲーテの亡骸《なきがら》の頭には、月桂樹がかぶせられる。国中から幾千もの人々が、その死を悼《いた》みゲーテの家に駆けつけました。葬儀は、逝去の四日後の三月二十六日に行われた。大公や大公妃も葬列に加わり、道中を埋め尽くした群衆が、皆でこれを見送った。墓所では、合唱隊が、ゲーテの詩をおごそかに歌った。

その一節には、「動ずることのない志、／それだけが人間を不朽《ふきゅう》の存在にする」（同前）と。

信念ある人こそが、不朽の存在なのです。

生き抜け！　荘厳《そうごん》な太陽のごとく

ゲーテは、「死」という人生最大の問題を、真摯《しんし》に、そして深く洞察していた。それには、学生時代から、死に直面するような大病を何度も患った経験が関係していたかもしれません。また、幼くして兄弟を次々と亡くし、奥さんや五人の子どもすべてを先に亡くした経験も、その死生観に大きな影響を与えたのでしょう。
ゲーテは語っている。
「死を考えても、私は泰然自若《たいぜんじじゃく》としていられる。なぜなら、われわれの精神は、絶対に滅びることのない存在であり、永遠から永遠にむかってたえず活動していくものだとかたく確信しているからだ。それは、太陽と似ており、太陽も、地上にいるわれわれの目には、沈んでいくように見えても、実は、けっして沈むことなく、いつも輝きつづけているのだからね」（前掲『ゲーテとの対話』上）
ゲーテは呼びかける。
「宇宙に帰りゆく迄《まで》、たゆまず活動を続けよう」（中村恒雄『ゲーテに於ける生と死と不死性の関係』河出書房）
ゲーテは、生命は永遠であるとの確信を持っていたのであろう。仏法に相通ずる考え方である。
「ひとえに撓《たゆ》まざる活動の力を失わないようひたすら勉《つと》めねばならぬ」（同前）と強調する。たゆみない活動、たゆみない仕事——それが永遠性につながると考えた。

たゆまず仕事をすることが一番、大切です。人類のために、人のために、自分のために。

実際、ゲーテは、家族の死などの悲しみを乗り越えて、ライフワークである『ファウスト』を八十二歳の年に仕上げた。亡くなる半年前のことです。死の床でもなお、仕事を続けていた。

ゲーテが死ぬ五日前に書いた最後の手紙には、こう記されています。

「私にそなわっているもの、残っているものを、できるだけ向上させ、私の特性を浄化させることより、私にとって緊要なことはありません」（高橋健二『ヴァイマルのゲーテ　評伝』河出書房新社）

十日前には、「太陽は沈む時も偉大で荘厳《そうごん》だ」（同前）と語ったといいます。

ともあれ、最後の最後まで戦い抜き、太陽のごとく赤々と輝き続けた崇高な人生であった。それがゲーテであった。皆さんも、そうあっていただきたい。

人間とは「戦う人」「学ぶ人」

ゲーテの棺《ひつぎ》は、ワイマールにあるワイマール大公家の霊廟《れいびょう》に、親友シラーの棺と並べて安置されました。ゲーテとシラーの美しい友情を象徴するかのように、二人は死んでも一緒でありました。

シラーはゲーテより十歳も若かったが、一八〇五年五月九日に四十五歳でゲーテよりも先に亡くなった。

シラーの墓は、もともと別のところにあった。一八二七年にワイマールの君主、カール・アウグスト大公によって、霊廟に移動されたのです。

ゲーテは叫んだ。

「わたしは人間だったのだ。／そしてそれは戦う人だということを意味している」

（前掲『ゲーテの言葉〈新装版〉』、「西東詩集」の言葉）

人間とは「戦う人」である。

「有能な人は、常に学ぶ人である」（同前）

本当の人間とは、学ぶ人である。

未来の偉大なるゲーテである皆さん！

諸君の前途が洋々であり、そしてまた、すべての戦いが勝利であることを心から祈って、私の話を終わらせていただきます。ご清聴、ありがとうございました。お元気で！（大拍手）

（＝講義終了後、創立者は、同時中継の会場である隣の教室にも足を運び、学生に語りかけた）
部屋が隣で、すみません。きょうは、私の話を聞いてくださり、ありがとうございました（大拍手）。お父さん、お母さんに、よろしくお伝えください。
卒業する人は、いますか？（＝多くの学生が手を挙げる）
行っちゃうのか！（笑い）
さみしいね。
でも全部、皆さんの名簿は、私のそばにずっと置いてあります。たまに見るんです。
文集なども全部、置いてあるんです。

いつまでも健康で！　勝利の人生を頼みます！

お父さん、お母さんを大事にね。

お父さん、またはお母さんがいない人、ご両親がいない人もいるかもしれないけど、自分自身の心の中に生きています。

目には見えなくても、生きているんです。それが生命の不可思議です。

では、お元気で！

創大生に、栄光あれ！（大拍手）

（創価大学・本部棟）

〈主な参考文献〉

『ゲーテ全集』全十五巻・潮出版社、『ゲーテとの対話』エッカーマン著・山下肇訳・岩波書店、『詩と真実』ゲーテ著・山崎章甫訳・岩波書店、『世界の名著38』中央公論社、『ゲーテ伝』ハイネマン著・大野俊一訳・岩波書店、『ゲーテ――その生涯と作品』アルベルト・ビルショフスキ著・高橋義孝・佐藤正樹訳・岩波書店、『ゲーテ―その生涯と時代―』リヒァルト・フリーデンタール著・平野雅史・小松原千里・森良文・三木正之訳・講談社、『詩に映るゲーテの生涯』柴田翔著・丸善、『J・W・フォン・ゲーテ―旅路遙か、見果てぬ夢』丸山暢謙監修・栄光出版社、『ゲーテとトルストイ』トーマス・マン著・山崎章甫・高橋重臣訳・岩波書店、『ゲーテが愛した妻クリスティアーネ』エッカルト・クレスマン著・重原眞知子訳・あむすく、『ゲーテに於ける生と死と不死性の関係』中村恒雄著・河出書房、『ファウスト』ゲーテ著・手塚富雄訳・中央公論社、『現代に生きるファウスト』小西悟著・日本放送出版協会、『ガンジー』ルイス・フィッシャー著・古賀勝郎訳・紀伊國屋書店

創価大学・第二回特別文化講座

革命作家・魯迅《ろじん》先生を語る

（2005年3月16〜24日）

創価大学・第二回特別文化講座「革命作家・魯迅《ろじん》先生を語る」は、『聖教新聞』二〇〇五年三月十六日〜二十四日付（全三回連載）で発表したものです。

希望とは君がつくるもの　茨《いばら》を開いてこそ道はできる

試練を乗り越えてこそ

「寒さは大地を凝《こお》らせて春華《しゅんか》を発《ひら》かしむ」（「無題」伊藤正文訳、『魯迅全集』9所収、学習研究社）

魯迅先生の詩の一節である。

大地を凍結させる厳寒を耐え抜いて、春の花は咲き誇っていく。

人生も、社会も、同じであろう。幾多の試練を乗り越えてこそ、新しい青年の世代は、勝利の花を絢爛《けんらん》と薫《かお》らせることができる。

弥生《やよい》三月は、私にとって格別の時である。愛する創価大学、また創価女子短期大学、そして創価学園で薫陶《くんとう》を受けた若き英才たちが、立派に成長し、卒業していく「巣立ち」の時だからである。

人間・魯迅の哲学を求めて

一昨年(二〇〇三年)の三月、私は卒業生へのはなむけの意義を込めて、創大の本部棟で第一回の特別文化講座を行い、「人間ゲーテ」について懇談的に語らせていただいた。

以来、第二回の特別文化講座開催の要請を、学生の皆さんはもとより、教職員の方々からも、幾たびとなくいただいた。

私も、西洋の巨人・ゲーテに続いて、東洋の偉人・魯迅を取り上げ、準備を進めてきた。しかし、海外からの来客、諸行事等が間断なく続き、どうしても日程の都合がつかないまま、今日《こんにち》まで延びてしまったことを、まことに申し訳なく思っている。

文豪·魯迅（1881 ～ 1936年）。小説や詩をはじめ、『中国小説史略』などの学術研究、歴史や文芸、時事問題など多方面に及ぶ評論、膨大な翻訳も残した。中国の版画運動の先駆者でもある。教育者としての名声も高く、まさに「東洋の偉人」
（写真提供：ユニフォトプレス）

なんとか卒業生の門出をお祝いしたいと思い、大学理事会、また学生自治会等の了承を得て、特別文化講座のために執筆した原稿を、そのまま新聞に発表させていただくことにした。

魯迅先生については、多くの貴重な研究がなされてきた。

また創大生、短大生、学園生、さらにアメリカ創価大学の皆さんが、これまで深く研鑽されてきたことも、さまざまにうかがい、感嘆《かんたん》している。

そのうえで、私なりに「人間・魯迅」に光を当てながら、二十一世紀をリードしゆく、確固不抜《かっこふばつ》の「人間」と「哲学」と「言論」を、ともどもに探究していきたい。

陽光が降り注ぐ創価大学の「文学の池」のほとりに座り、皆さんとゆったりと語り合うつもりで、論を進めさせていただきたい。

「ニコニコして天真な人柄」

「いつの時代にも、かならず、まず剛健なる者があらわれて、先駆となり、前衛となって、歴史に道を開き清める」（「破悪声論」伊藤虎丸訳、同全集10所収）

有名な魯迅先生の言葉である。

魯迅先生は、ペンの闘士として、時代の先頭に立った。苦難と迫害の連続の中、「人間の変革」「民衆の自立」という道なき道を切り開いた。

桜もほころぶ昨年（二〇〇四年）の春三月、私は、魯迅先生の忘れ形見である、ご子息の周海嬰《しゅうかいえい》氏ご一家と四年ぶりに再会した。

その折、ご子息は誇り高く語っておられた。

「わが父・魯迅は、人々の魂を救うため、精神の向上のため、そして、子どもたちを救うために、生涯、戦い続けました」と。

峻厳《しゅんげん》な人生であったが、それは、悲哀や悲嘆などとは無縁であった。

弟子の一人は、魯迅先生の印象を、こう綴《つづ》っている。

「深刻めいた顔つきや言葉づかいをせず、いつも軽いユーモアをとばしてニコニコしている気のおけない人であった」「子供のように天真な人柄であった」（増田渉『魯迅の印象』角川書店）

魯迅先生が好きだったのは「月」と「子どもたち」。一番嫌いなものは「嘘つき」だった。

心には、常に熱い人間愛が燃えていた。

魯迅先生を思うと、慈愛あふれる正義の教育者であった創価教育の父・牧口常三郎先生の姿が、二重写しとなって私の胸に迫ってくる。

母の名前からペンネームを

魯迅先生は、一八八一年九月二十五日、中国・浙江省《せっこうしょう》の紹興《しょうこう》に生まれた。山水《さんすい》美しき紹興は、有名な「紹興酒」の産地としても知られる。

本名は、周樹人《しゅうじゅじん》。じつは、周恩来《しゅうおんらい》総理も、原籍は紹興である。

周総理と魯迅先生とは、もともと祖先が同じであり、途中で家系が二つに分かれたとうかがった。

周総理も、魯迅先生の夫人である許広平《きょこうへい》先生に、「遠い親戚ですね」と親しく語りかけておられたという。

魯迅先生の家は「士大夫《したいふ》」と呼ばれる名門である。母も士大夫の家の娘であった。当時の封建的な社会にあって、女性に教育の門戸《もんこ》が開かれていない中、ほとんど独学で読み書きを覚えた聡明な女性であった。

「魯迅」というのは、ペンネームである。これは、その賢き母の名前「魯瑞《ろずい》」と、留学時代の筆名「迅行《じんこう》（迅速に進むという意味）」からとったといわれる。

魯迅先生の幼少期は、中国全体の大きな歴史の転換期であった。外国からの侵略に晒《さら》され、半植民地化を余儀なくされた。その時流の大波は、名家であった魯迅少年の一家も、容赦なく呑《の》み込んでいった。

父方の祖父は、政府高官まで務めた人物だったが、ある事件があって投獄され、一家は没落。不幸は重なり、父も重病にかかってしまった。

十分な医療も施せない時代である。魯迅少年は、父のために質屋と薬屋を往復する暮らしを送った。父が病死したのは、十五歳の時である。

しかし魯迅先生は、のちに、「私は父が貧乏になって（父は金儲けができなかった）、それによって私に沢山の事をわからせてくれたことを、大変有難いと思っています」（「中国人宛書簡　抄」松枝茂夫訳、『魯迅選集』13所収、岩波書店）と振り返っている。味わい深い言葉である。心が強ければ、いかなる苦難も成長の糧《かて》とすることができる。

魯迅文学の著名な研究家である吉林《きつりん》大学の劉中樹《りゅうちゅうじゅ》学長（当時）と会談した折にも、この貧窮《ひんきゅう》の逆境が一つの焦点となった。

劉学長は、若き魯迅が、こうした苦労を通して、「〝この世には、貧しく苦しんでいる人々が、あまりにもたくさんいる〟ことに目覚め、『民衆の心』を知るようになった」と、鋭く指摘されていた。

牧口先生が教えた弘文学院に

魯迅青年は苦学を重ね、一九〇二年、二十歳の時、日本に留学した。

日本で最初に学んだ学校は、どこであったか？

それは、牧口先生も教壇《きょうだん》に立った「弘文学院」であった。

「弘文学院」は、著名な教育者であった嘉納治五郎《かのうじごろう》氏が、中国人留学生のために東京に創立した学校である。魯迅青年が弘文学院に入学したのは一九〇二年の春四月。そして、寮生活を送り、一九〇四年の四月に卒業する。

一方、牧口先生は一九〇三年十月に大著『人生地理学』を発刊。翌一九〇四年の二月から、弘文学院で地理学を教えた。

したがって、この弘文学院を舞台に、二人の足跡《そくせき》に二カ月ほどの重なりがあったことになる。

この時、牧口先生は三十二歳。魯迅青年は二十二歳。ちょうど、十歳の年齢の開きがあった。

そこに、いかなる接点があり、いかなる交流があったのか。歴史のロマンと言ってよい。

当時、浙江省からの留学生が出していた月刊誌『浙江潮《せっこうちょう》』に、牧口先生の『人生地理学』を翻訳した論文と、魯迅先生の若き日の文章が同時に掲載されていたことが、近年の研究によって判明している。

（＝『浙江潮』の一九〇三年十一月の号に、創価学会・牧口常三郎初代会長の『人生地理学』の「植物」の章の部分訳「植物と人生の関係」と、魯迅の小説『スパルタの魂』が掲載された。その次の号には、「植物と人生の関係」の続きと『人生地理学』の「海洋」の章の部分訳「地人学」が、魯迅の翻訳『地底旅行』と一緒に掲載されている）

注目すべきことは、この月刊誌『浙江潮』において、すでに魯迅青年が「中国は、ばらばらであってはいけない」と団結の必要性を強く訴えていたことである。

この点、いち早く『人生地理学』において、中国から日本への文化伝来の恩義を主張するとともに、この隣国の未来にとって「団結の気力」が重要であることを強調されていたのが、牧口先生である。

民衆よ、団結せよ！　そこに発展のカギがある——これが、魯迅青年と牧口先生の共通の洞察だったのである。

人間をつくれ　教育の力で

本が大好きだった魯迅青年は、しばしば、東京・神田の古本屋街を散策した。時代は明治三十年代。首都・東京では、活版印刷の技術革新に加え、交通・郵便・電信制度などの急速な発展により、活字文化が大きく花開いていた（藤井省三『魯迅事典』三省堂書店、参照）。

海外の知識も輸入され、日本橋の「丸善」など洋書の専門店には、魯迅青年もよく通ったようである。魯迅青年は、日本語とドイツ語が堪能であった。

留学中、求めて読んだ作品の一つに、東欧など、抑圧と戦い続けてきた民族の文学があった。

ポーランドのノーベル賞作家シェンキェヴィチ、ハンガリーの革命詩人ペテーフィなどである。不屈なる民族の「勇気の叫び」から、激しい抵抗精神を学ぼうとしたようである。

魯迅青年は、その双肩《そうけん》に、危機に瀕《ひん》した祖国の未来を、厳と担い立っていったのである。

恩師の戸田城聖先生は、よく語られた。

「明治の新しい日本をつくったのは、海外で学んで帰ってきた留学生たちだった。留学生は、将来、必ずや、さまざまな分野で、その国の指導者となっていく人たちである。どこまでも留学生を大事にして、がっちりと友情を結んでいきなさい」と。

この恩師の教えの通り、私は、最大の尊敬と誠実の心で、わが創価大学に留学生をお迎えしてきた。おかげさまで、留学生との素晴らしい友情の流れができあがった。

思えば、日中国交正常化後、初めて、中国の正式な留学生を受け入れたのは、わが創価大学であった。周恩来総理とお会いした翌一九七五年のことである。今年（二〇〇五年）は、その第一期留学生六人を迎えてから、ちょうど三十周年となる。六人の学友は、皆、立派に大成され、中日友好事業の第一線で大活躍されている。創立者として、これほどうれしいことはない。

先月（二〇〇五年二月）、私がお会いしたケニアの環境副大臣ワンガリ・マータイ博士（ノーベル平和賞受賞者）も、ケニアからアメリカに派遣された第一号の留学生の一人であった。ケニアの農家に生まれ、女性の大半は教育を受けられない環境の中、親が学校に通わせてくれた。そしてチャンスを得て、留学先のアメリカで生物学を専攻した。

そこで学び、磨いた知性が、三千万本の植林を成し遂げた「グリーンベルト運動」の大きな原動力になったことを、私との会談でも、素晴らしい笑顔で語っておられた。

教育が人間をつくる。教育が人間と人間を結ぶ。現在、うれしいことに、アメリカ創価大学も順調に発展している。創価大学と世界各国の大学との交流の道も大きく開かれている。そして、わが創価同窓生の活躍の舞台が、全世界に広がっていることは、ご存じの通りだ。

医学から文学へ

父を病気で亡くした魯迅青年は、最初、医学を志していた。

弘文学院を卒業した後、一九〇四年九月、仙台医学専門学校（＝現在の東北大学医学部）に入学。

東北大学でも、この魯迅青年の留学の歴史を大事に留《とど》められ、後世へ伝え残しておられる。

この仙台時代に、生涯を決める「幻灯事件《げんとうじけん》」が起こったとされる。

医学の授業が終わると、日露戦争で日本が勝つ様子を伝える幻灯（スライド）が上映された。その中で、中国人が、ロシア軍のスパイとして、日本軍に殺されるシーンがあった。

殺される中国人も、それを取り巻いている中国人の群衆も、薄ぼんやりした表情をしていた。

あまりにも強烈な光景だった。当時の心境を、こう綴られている。

「愚弱な国民は、たとい体格がよく、どんなに頑強であっても、せいぜいくだらぬ見せしめの材料と、その見物人になるだけだ」「むしろわれわれの最初に果《はた》すべき任務は、かれらの精神を改造することだ。そして、精神の改造に役立つものといえば、当時の私の考えでは、むろん文芸が第一だった」（「『吶喊』自序」竹内好訳、『魯迅文集』1所収、筑摩書房）

今、必要なのは精神の改造だ。そのためには文学しかない――魯迅青年は決断した。

魯迅先生が生きたのは、十九世紀末から二十世紀前半。中国にとっては歴史上、最も困難な時代の一つであった。その時にあって、燃え上がる青年の魂は、わが使命の道を決然と見いだしたのである。

仙台から東京へ戻り、しばらく文学に打ち込んだ後、七年半の留学生活に終止符を打ち、一九〇九年夏に帰国する。二十七歳の時であった。

相次ぎ襲いかかる西欧列強。辛亥《しんがい》革命の挫折と軍閥の蹂躙《じゅうりん》。国共分裂。さらに、凶暴な日本軍国主義の侵略――。

この混迷の闇の中で、「十年一剣を磨く」日々を重ねながら、民衆の「心の底の底」まで見つめ抜いた不滅の「魯迅文学」が形作られていくのである。

ご子息である周海嬰氏が語られていた言葉が、私の胸から離れない。

「父には、その生涯において、多くのデマや中傷が浴びせられました。何もしなければ、波風はたたないかもしれない。前進し、発展し続けるからこそ、中傷やデマを受けます。だが、青年は、〝自分の道〟を堂々と進めば、怖いものはないのです。青年の皆さんは、自分の信念の道を歩んでください」「困難を打ち返して、苦をものともしなかった父の魂を、皆さんに、ぜひ学んでいただきたい」と。

さらに氏は、創価の人間教育に強い賛同を示され、ご自身が理事長を務める「上海《シャンハイ》魯迅文化発展センター」から卒業生の代表に「魯迅青少年文学賞」を贈りたいと提案してくださった。

魯迅の子息である周海嬰氏（左端）と4年ぶりの再会を喜ぶ（2004年3月10日、東京・信濃町の聖教新聞本社〈当時〉で）。席上、周海嬰氏は「池田先生は、人々のため、平和のために、生涯、戦い続けてこられました」「池田先生ほど魯迅を敬愛し、魯迅の思想を広めてくださっている方は、世界でもまれだと思います」と述べ、「上海魯迅文化発展センター」の「終身顧問証」を授与。この折、幼い海嬰氏を抱く魯迅の写真が披露された

さっそく、今春（二〇〇五年）、第一回の「魯迅青少年文学賞」を、創価大学、また東西の創価学園、そして創価小学校の卒業生の代表に授与していただくことになっている。

魯迅文学に脈打つ「正義の魂と民衆愛の精神」を、卒業生全員が受け継いでいっていただきたい。

文学は国民精神の炎

「文学は国民精神の発する焔《ほのお》であると同時に、国民精神の前途を照らすともしびでもある」（「眼を瞠って見ることについて」松枝茂夫訳、前掲選集5所収）
一九一八年、魯迅先生は、総合誌『新青年』に小説『狂人日記』を発表。「魯迅」のペンネームが世に出た最初である。三十六歳の時であった。
『新青年』誌は、北京《ペキン》大学を中心に展開されていた「文学革命」の旗手の存在であった。難解な「文語」を捨て、分かりやすい「白話《はくわ》（話し言葉）」で、新しい思想を国民に伝えていくことを目指し、啓蒙活動を続けていた。

「自分は人を食いたいが、人に食われるのは恐ろしい、みな疑い深い眼つきで、顔色をうかがいあっている」(『狂人日記』丸山昇訳、前掲全集2所収)

小説『狂人日記』は、〝被害妄想〟を患った人の日記の形をかりて、中国の旧社会の悪弊《あくへい》を衝撃的に暴《あば》いた。

「人が人を食う」社会——それは、「自分は人から虐《しいた》げられるが、別の人を虐げることができる」社会である。構造的な搾取《さくしゅ》や差別や暴力が罷《まか》り通っている社会である。

そして、だれもが「人を食う誘惑」にかられて、〝食人社会〟を支えている古い制度そのものには非を唱えようとしない。その現実を、まざまざと描き出したのだ。

そして、魯迅先生は、変革の望みを、「人を食ったことのない子供」たちに託した。

「子供を救え」と。

口語で記《しる》され、旧思想を痛烈に批判した『狂人日記』は、「文学革命」の理念を体現した最初の小説であった。ここに、中国近代文学の幕が切って落とされたのである。

「諦め」という鉄格子《てつごうし》を叩き壊せ

続く『阿Q正伝《あキュウせいでん》』は一九二一年十二月から、新聞小説として連載された。ペンネームは「巴人《はじん》」。四十歳の時である。

連載が始まるや、あちこちで反響があった。

「この主人公の『阿Q』という男は、一体、だれのことだ？」「もしかして『阿Q』とは、自分のことかも知れない」

こう疑心暗鬼になった人もいた。当時、魯迅先生は、政府の教育部に勤めていた。同僚が、連載の新聞を囲んで、ああだこうだと言い合っているのを、魯迅先生は横目で見ながら、そしらぬ顔をしていたという（前掲『魯迅の印象』参照）。

『阿Q正伝』に描かれた時代は、二十世紀の初め、「辛亥革命《しんがい》」によって清朝《しんちょう》が崩壊する時である。「未荘《ウエイチワン》」という農村が舞台である。

主人公である「阿Q」という男は、姓が分からない。住む家もない。腕力もない。ただし、自尊心だけは強い。だから、よくケンカになる。そして、負ける。だが、相手が去っていくと、阿Qは、「伜《せがれ》にやられたようなものだ」（『阿Q正伝』竹内好訳、前掲文集1所収）と自分を慰《なぐさ》めて、惨《みじ》めな優越感にひたる。

そして次にまた、コテンパンにやられた時には、「おいら、虫けらさ」（同前）と自分自身を最低までおとしめる。ところが、敵がいなくなると、「われこそ自分を軽蔑できる第一人者なり」（同前）と勝ち誇るのだ。

このようにして、阿Qは、いつも勝ったつもりになる。それを魯迅先生は、大いなる皮肉をもって、阿Qの「精神的勝利法」と名付けた。

しかし、本当は、勝利でもなんでもない。「しかたない」と諦めて、敗北に目をつむっているだけだ。「あいつよりはましだ」と嘯《うそぶ》いて、自分をごまかしているだけだ。

それでは、いつまでたっても、暗黒の状態は変わらないではないか！　奴隷《どれい》のままではないか！

長い間の身分支配のもとで、多くの人々が、知らず知らずのうちに、「諦め」という目に見えない「心の鉄格子《てつごうし》」に閉じ込められてしまっていた。そのことを、魯迅先生は、阿Qをもって、白日のもとに晒《さら》したのであった。

この愚かさを見つめよ！　この愚かさを乗り越えよ！――と。

歴史上、いかなる時代にも、差別され、虐げられてきた人たちはいた。しかし、たとえ身は束縛されていても、「今に見よ！」「いじめる人間は、まちがっている！」と心で叫ぶことができる民族は、いつか必ず、支配の闇を破り、光明を勝ち取ることができる。

いかなる厳しい環境にあっても、心まで縛られてはならない。魂まで奪われてはならない。

東洋の大先哲が、身命に及ぶ国家権力の弾圧の渦中で、「王地に生まれたれば身をば随《したが》えられたてまつるようなりとも、心をば随えられたてまつるべからず」（新二〇四ページ・全二八七ページ）と仰せになった通りである。

民衆よ、自分自身をあざむくな！　心の鉄格子を叩き壊せ！――『阿Q正伝』は、沈黙する民族の魂を目覚めさせる「覚醒の銅鑼《どら》」を鮮烈に乱打したのであった。

やがて、阿Qの村に、辛亥革命の革命党がやってくる。

阿Qは、革命の波に翻弄《ほんろう》されるだけで、訳も分からぬまま、冤罪《えんざい》をきせられ、見せしめにされ、処刑されてしまう。これで、小説は終わる。

最後に銃殺された阿Qの「助けて……」（同前）という、声にならない叫び。

「わたしは、あの阿Qの悲しそうな顔を、永久に忘れない」と語ったのは、フランスの文豪ロマン・ロランであった（許壽裳『亡友魯迅印象記』人民文学出版社）。

人間の精神を変革せよ！

革命によって政治が変わっても、阿Qの悲しみは変わらない。本当に変わらなければならないのは、「国家」よりも、「制度」よりも、まず「人間」だ。阿Qのような人間自身が目覚めていかなければ、真実の革命とは言えない。魯迅先生は、こう考えたのである。

「最初の革命は、満洲朝廷を倒すことだから、割にやさしくできたのです。その次の改革は、国民が自分で自分の悪い根性を改革することなので、そこへ来て尻込みしてしまいました。

ですから、今後もっとも大切なことは、国民性の改革です。そうでなければ、専制であろうと共和制であろうと、その他何であろうと、看板を変えただけで品物が元のままでは、お話にならぬのです」（『両地書』松枝茂夫・竹内好訳、前掲選集3所収）

人間が変わらなければ、いくら政治の看板を変えても、かえって支配の道具に使われてしまうだけだ。ゆえに、まず、人間の精神を変革せよ！——これが、魯迅先生の結論であった。そのための武器こそ、ペンであった。魯迅文学は、まさに「人間革命」の文学であったのである。

小説『阿Q正伝』は、世界四十カ国・地域以上、六十数種類の言語に翻訳され、世界文学の中に、ゆるぎない地位を占めている。

なぜ、世界で読まれるのか？　かつて、中米グアテマラのある作家は、こう言った。「阿Q主義、あるいは精神上の勝利法は、われわれが圧迫者にたいする闘争をすすめるとき、われわれがわれわれ自身のおかれている状況をはっきりと認識するのを妨げるだけである。だから、いまはこれを放り出さなければならないときである」（『文芸読本　魯迅』〈河出書房新社〉収録の竹内実氏の解説から）

多くの人が「事なかれ主義」になり、現実から目を背《そむ》けてしまえば、いつまでたっても、現実を変えることはできない。

阿Qに込めた魯迅先生のメッセージは、国境を超えて、世界の民衆に訴える。

「社会を変えたいならば、まず自分自身を変えよ！　そして自分自身が強くなれ！賢くなれ！」

ここに、『阿Q正伝』の持つ普遍性、世界性が読み取れるのではないだろうか。

青年よ、頭《こうべ》を上げて胸を張れ

魯迅先生は、「革命」と「文学」の関係を簡潔に、こう表現する。
「革命人が作品を書けば、それが革命文学です」（「革命時代の文学」増田渉訳、前掲選集7所収）
また、こうも言っている。
「作者が闘争者であるなら、どんなことを書こうと、書かれたものは必ず闘争的です」（前掲「中国人宛書簡　抄」）と。

魯迅先生は、真実の革命人であった。戦う人であった。魯迅先生は、「人を欺《あざむ》くもの」と戦った。徹底的に、その欺瞞《ぎまん》や悪を攻撃した。

「自分を欺き人を欺く希望的な話は全部はらい捨てることだ、誰であろうが自分を欺き人を欺く仮面は全部ひんむいてしまうことだ」(「ふと思いついて十二」増田渉訳、同選集6所収)

そのために、〝現実をはばからず直視せよ〟と叫んだ。現実を正しく見てこそ、正しく考え、正しく行動することができる。

青年よ、頭《こうべ》を上げて胸を張れ。背筋をピンと伸ばせ。目を伏せるな。目を見開いて、邪悪を見つめよ。そして戦い、悪を打ち破る勇気と気迫を持て！——これが魯迅精神である。

あえて怒れ！

許広平夫人は綴っている。「いいたいことは正々堂々といった。これこそ魯迅の魯

迅たるところ」（『魯迅回想録』松井博光訳、筑摩書房）

「言論の英雄」の面目躍如《めんもくやくじょ》と言ってよい。

その魯迅先生いわく、〝大胆に声を出せ〟と。

「我々は、もっと叫ばなければならない」（「随感録四十」伊藤虎丸訳、前掲全集1所収）

「ただ本当の声だけが、中国の人々と世界の人々を感動させることができる」（「声なき中国」増田渉訳、前掲選集8所収）

「内なる光は暗黒を破り、心の声は虚偽を断つ」（前掲「破悪声論」）と訴えたのである。

難しく考える必要はあるまい。人間の尊厳、生命の尊厳を踏みにじる虚偽や不正に対しては、「まちがっている！」「おかしいではないか！」と恐れずに声をあげていくことだ。

魯迅先生は綴っている。

「世の中に、もしまだ本当に生きて行こうとする人間がいたら、まず敢《あ》えてしゃべり、敢えて笑い、敢えて泣き、敢えて怒り、敢えて罵《ののし》り、敢えて打って、この呪《のろ》うべき場所から呪うべき時代を撃退せねばならぬ！」（「ふと思いついて五」増田渉訳、前掲選

第1次訪中で上海の「魯迅故居」を訪問（1974年6月10日）。魯迅は言った。「目的はただ一つしかない――前進することだ」（「門外文談」松枝茂夫訳）。走り続けた文豪の「戦う魂」が息づく
©Seikyo Shimbun

集6所収)
沈黙は青春の死である。何も言わないのは人間として敗北だ。悪が喜ぶだけである。

「獅子身中の虫《ししししんちゅう》」を恐れよ

魯迅先生は、信念なく大勢に迎合する生き方を激しく拒んだ。

「他人が与えるといったものを、当てにしてはならぬ」(「死」松枝茂夫訳、同選集12所収)と遺言してもいる。

人の話を、うのみにするな。鋭い批判精神を持て。たとえ一人であっても、正しいと信ずる道を行け!――これが魯迅先生の〝丈夫《じょうぶ》の心〟であった。

真の団結のためにも、大切なことは、一人一人が屹立《きつりつ》していくことだ。

さらにまた、魯迅先生は、「獅子身中の虫《ししししんちゅう》」を恐れよ、と強調している。

「敵は恐れるに足りません。最も恐ろしいのは、味方の陣地の木食い虫です。多くの事が彼らの手にかかって失敗する」(前掲「中国人宛書簡　抄」)

そうした「獅子身中の虫」に対しては、毅然《きぜん》と対処していかねばならない。

自分の「人間革命」また民衆の「精神の革命」、それは一朝一夕《いっちょういっせき》にできるものではない。ゆえに魯迅先生は言う。〝たゆまず努力せよ。ねばり強く進め〟と。一時《いっとき》は勝ったように見えても、古い反動の勢力は、必ず息を吹き返してくる。

ゆえに、先生は戒《いまし》めていた。「この国の麻痺《まひ》状態を直すには、ただ一つの方法しかない。それは『ねばり』であり、あるいは『絶えず刻む』ことです」（前掲『両地書』）と。

また傲慢《ごうまん》や見栄っぱりの青年には、厳しかった。

「一年や半年の、二、三篇の作品や、二、三冊の雑誌で、空前絶後の大偉業を立てたなどとは決して思うな」（「『魯迅著訳書目録』後書」増田渉訳、同選集8所収）

自身についても、「天才なんかあるものか。僕は他人がコーヒーを飲んでいる時間に仕事をしただけだ」と語るように、徹して努力の人であった。数々の名作を残した後も、いばらず、変わらず、一人の青年を真心こめて育て、励ます人であった。

信念の行動ゆえに、権力に命まで狙われ、昼はパンと缶詰で飢えをしのぎ、夜はコンクリートの上に眠った日々もあった。その弾圧の中でも、絶えず書いていた（前掲

『亡友魯迅印象記』）。

魯迅先生は戦った。戦いの中で書き続けた。だからであろう、先生の文字は、読む人に勇気をくれる。悪と戦う魂を鼓舞してやまないのだ。

ペンの力で「夜明けの時」を

魯迅先生が『狂人日記』を執筆した一九一〇年代の後半、世界では、抑圧された民衆が立ち上がり始めていた。

一九一七年、ロシア革命が勃発《ぼっぱつ》。労働者が先頭に立ち、世界初の社会主義革命が宣言された。

一九一九年には、朝鮮半島で、抗日の「三・一独立運動」が起こる。

さらに同年、全インドで、ガンジーの非暴力・不服従の運動が開始。

中国でも、同年、反帝国主義の「五・四運動」の大波が広がった。北京大学の学生をはじめとする青年たちが、日本の理不尽な要求に抗議して、立ち上がったのである。

この激動の中で、魯迅先生は、「人間の革命」「精神の革命」の地平を見据えながら、渾身《こんしん》のペンの力で、民衆の「夜明けの時」を切り開いていった。

中国の大衆運動の出発点とされる「五・四運動」には、周恩来総理夫妻も参加していた。

後年、周総理ら新中国のリーダーが指針の一つとしたのが、魯迅先生の詩の一節であった。

「眉《まゆ》を横たえて冷《ひやや》かに対す千夫《せんぷ》の指、首を俯《ふ》して甘んじて為る孺子《じゅし》の牛」（「自嘲」松枝茂夫訳、同選集12所収）

〝たとえ千人の敵から指弾されようとも、眉をあげて、冷然と立ちむかう。しかし、幼子のためには、頭《こうべ》を垂れて、甘んじて牛となって、背中に乗せてあげる〟との心である。

傲慢な権力とは、いかなる迫害を受けようとも、断じて戦う。誠実に生きる民衆には、尽くして尽くし抜いていく。この民衆愛の精神こそ、新中国をつくった若き指導者たちの魂であったのだ。

魯迅先生は、人間を愛した。祖国を愛し、故郷を愛し、民衆を深く愛した。彼の文学は「民衆愛の血潮」であった。民衆を愛するゆえに、民衆を苦しめる虚偽を徹して憎《にく》んだ。

わが身を焦がすほどの悪への憎しみを、中国のある作家は「神聖な憎悪《ぞうお》」と呼び、その透徹《とうてつ》した「反虚偽の精神」に学べと訴えたのである（瞿秋白「『魯迅雑感選集』序言」、中国現代文学社編『魯迅巻』初編）。

熱く熱く燃えたぎる「民衆愛の指導者」が、わが創価の学府から陸続と躍り出ることこそ、私の希望であり、確信である。

茨《いばら》の道を切り開け

周総理夫人である鄧穎超《とうえいちょう》先生が、上海のある盲学校を訪問した時の心温まるエピソードがある。鄧先生は、けなげな子どもたちを、こう励まされたという。

「皆さんは、目は見えなくとも、美しい心をもっています。魯迅先生は、『道とは、人が歩いてできるものだ』と言いました。幸福の道は、皆さんが自分の足で歩いて作るのです。自分の手で、素晴らしい世界を創造するのです」（金鳳『鄧穎超伝』人民出版社）と。

なんと力強く、また心優しき慈母の言葉であろうか。

私も、一九六〇年、創価学会の第三代会長に就任する前の日記に、魯迅先生の「生命の路《みち》」の一文を書き留めた思い出がある。

「路とは何か。それは、路のなかったところへ踏み作られたものだ。荊棘《いばら》ばかりのところに拓き作られたものだ」（『魯迅評論集』竹内好訳、岩波書店）と。

新たな人生の戦いに挑みゆく皆さんに、私はこの言葉を贈りたい。

君たちの前途には、暗夜《あんや》の日もあろう。茨《いばら》の道もあろう。

しかし、断じて退《しりぞ》いてはならない。苦しい時こそ、一歩を踏み出せ！　その一歩が勝利の道を開くからである。

希望とは、自分でつくるものだ。希望とは、茨の道を切り開きながら、後に続く人々に贈りゆくものだ。
ここに、魯迅先生がわが身をもって示した「希望の哲学」がある。

創価教育の使命

「人道は、各人が力を尽くして戦い取り、培《つちか》い、育てるものであって、他人から恵まれ、与えられるものではない」（「随感録六十一　不満」伊藤虎丸訳、前掲全集1所収）
魯迅先生は喝破《かっぱ》した。どんなに表面を取り繕《つくろ》っても、侵略とは「獣性《じゅうせい》」の行為にすぎないと。
ゆえに、それを模倣するのではなく、「獣性」と対立し、圧迫された民衆と連帯して、自由な「人間的」世界を広げていくことこそ、中国の進むべき道であると考えた。
魯迅先生が目指したのは、民衆の自立であり、「奴隷根性の変革」であった。同時に社会の「主人と奴隷」という関係そのものを破壊することであった。そして、だれが「主人」でもない、「奴隷」でもない、新しい社会をつくろうとした。

一方、明治維新の日本は、「脱亜入欧《だつあにゅうおう》」の看板を掲げて、アジアから抜け出し、ヨーロッパの後に続くことを目指した。しかし、文明の成果だけを器用に輸入して外面は飾れても、内面の確立は不十分であった。

強い者には「従属」。優れた人物が出ると「嫉妬《しっと》」「やきもち」。要するに自分自身がない。根無し草である。

この日本の「島国根性」を改造するために立ち上がったのが、創価教育の父である牧口先生であった。そして、牧口先生は、国家権力によって弾圧され、獄死させられたのである。

魯迅先生は、これまでの中国の歴史を振り返って、大きく、「(=争いが絶えず)奴隷になりたくてもなれない時代」と「当分安全に奴隷になりおおせている時代」(「灯下漫筆」松枝茂夫訳、前掲選集5所収)の二つしかなかったと総括されている。

そして、若き世代に呼びかけた。

「いまだかつてなかった第三の時代を創造することこそ、今日の青年の使命なの

だ!」(同前)

いまだかってなかった「第三の時代」。それは、戦火や騒乱で罪なき民衆が苦しむことのない時代である。そして、何ものにも隷属《れいぞく》せず、何ものにも隷属させず、すべての民衆が「人間」としての尊厳と幸福を勝ち取っていく時代である。

そのためには、一人一人が本来、持っている「偉大な使命」を自覚し、その使命の実現へ敢然《かんぜん》と挑んでいくことだ。そこに真実の人間革命の道がある。

この「第三の時代」を創造しゆく英知の要塞《ようさい》こそ、わが創価大学、創価女子短期大学、そして創価学園であらねばならない。

魯迅先生は叫んだ。

「まず第一に、人間を確立することが大切である。人間が確立して後、始めてあらゆる事がその緒に就く」(「文化偏至論」松枝茂夫訳、同選集5所収)

すべては人間で決まる。人間を確立できれば、あとは何でもできる。だからこそ、人間をつくれ!――そのために、魯迅先生は「教育」に全魂を注いだ。

「教育者」としても、魯迅先生は、不滅の人材育成の光を放っている。

教えた学校は、北京大学、北京師範大学、北京女子師範大学、世界語（エスペラント語）専門学校、中国大学、厦門《アモイ》大学、中山《ちゅうざん》大学など十三校に上る。

現在の北京大学の校章も、魯迅先生がデザインされたものとうかがっている。政府の教育部に勤めた時期を含めると、十八年間を、教育の事業に捧げたことになる。北京では一週間のうち、なんと六校で、掛け持ち授業をした時期もある。

また、西北《せいほく》大学や復旦《ふくたん》大学、曁南《ジアナン》大学などで、請《こ》われて、講演もした。

魯迅先生は北京の各大学で講師をしていたころ、こう青年に呼びかけている。四十三歳の時である。

「少くともまだ三十年は一しょになって抵抗し、改革し、奮闘することができる。それで足りなかったら、更に一代、二代、……とやる」（「ふと思いついて十」増田渉訳、同選集6所収）

青年とともに生きた魯迅先生の心情が伝わってくる。

私も、生きて生き抜いていく。いよいよ、これからが本格的な創価教育の総仕上げの戦いである。

一緒に改革しよう！
一緒に奮闘しよう！

民衆愛の指導者たれ

歴史を学べ！　史観を磨け！

一九七四年十二月、周恩来総理との会見の折、通訳を務めてくださったのは林麗韞《りんれいいうん》氏である。氏とは、その後も、親しく語り合ってきた。「中国の本で、日本の若者に薦めたい本は？」とうかがうと、林氏は即座に、『魯迅全集』と答えられた。

「若い人が人生の悩みにぶつかった時、どう人生を生きるか、社会をどう見るかといった問題に出あった時に、魯迅先生の作品を読んだものです」と、青春時代を回想するかのように話しておられたことが懐かしい。

多くの中国の青年に、強い影響を与えた魯迅先生である。

では、先生の大学での講義は、どんな様子であったか。

大教室は、いつも満員。席を取るのも大変。二人掛けのイスに、四人、五人と座り、入り口から窓際までぎっしり。立錐《りっすい》の余地もない。学外の聴講生までもが立ち並んだという。

北京女子師範大学で魯迅先生の授業を受けた許広平夫人は語っている。

「魯迅は素朴な、堅実な、かざらぬ話を、ゆったりした低い声で、大衆に投げかけ、あたりの空間に投げかける。人びとはかれの声と笑顔を親しみをもって聞き、見て、まず納得する。誰が聞いてもわかるように事物の真理を語り、人びとが胸のうちでちょうど話したいと思っているがまだ口にできずにいることばを語る」（前掲『魯迅回想録』）

まさに講義の名手であった。

主に講義したのは、中国の小説史。そのうち『三国志演義（三国演義）』については、こう語っている。

「三国時代の英雄たちは、智謀《ちぼう》・武勇ともにたいへん感動的です。そのため、人々

はみなよろこんで小説の材料としたのです」（『中国小説の歴史的変遷』丸尾常喜訳注、凱風社）

だが、「曹操《そうそう》は『三国演義』のおかげで踏みつぶされて様《さま》にならなくなってしまい、ましていわんや彼が政治改革の面で少なからず貢献したことなどはすっかり言われなくなってしまった」（顧明遠『魯迅――その教育思想と実践』横山宏訳、同時代社）と。

人物評価一つとっても、光の当て方で百八十度違ってしまうことも少なくない。

ゆえに、いかにして正しき眼《まなこ》を磨くか。

その鋭い歴史観察や社会批判を交えた魅力的な講義に、のちに作家となった王魯彦《おうろげん》氏は「まるで全人類の魂の声を聞くようであった」（前掲『中国小説の歴史的変遷』の「解説」）と回想している。

「歴史を学べ！　史観を磨け！」。これは恩師・戸田先生が幾度となく教えられたことである。

また「低次元のものを読むな！　世界の大文学を読め！」と厳しかった。顔を合わせると、「今、何を読んでいるか」と聞かれたものだ。私は、古今東西の名著を求めては読んだ。その鍛えがあったればこそ、今がある。

青年よ「花」と咲け！　私は「土」になろう

魯迅先生の周りには、その人格を慕い、ひっきりなしに学生たちが集まってきた。先生は青年を引きつける〝磁石〟であった。該博《がいはく》な知識や教養を惜しみなく捧げ、多くの青年を魅了した。さまざまな悩みの相談にも乗った。病弱な学生を気遣い、丈夫な体をつくるための運動などを具体的にアドバイスしたこともある。また、毎日のように、学生たちの夜間の自習を見にいってあげた。

学生寮を訪ね、一人一人の生活にも、こまやかに気を配った。心優しき先生であった。ある時、卒業を前にした生徒数人が、夜間に無断外出をして校則を破り、遊びにふけっていた。

それを見つけた魯迅先生は「もし学校がおまえたちを退学させたら、君たちの名誉は大きく傷つけられるだろう。しかもあと数か月で君たちは卒業するのだし、もしいま除籍されるとすればたいへん残念だ」と励まし、「今回のあやまりを日記につけておくように」と諭《さと》した。

生徒たちは感動し、二度と校則を破るようなことはなかった。

また、学生が書いた文章がぎごちなくても、「どこに生まれたときから完全に成長した人間がいるのですか？」と勇気づけ、自信を持たせながら、挑戦の心を育んだ魯迅先生であった（前掲『魯迅――その教育思想と実践』引用・参照）。

私が四度の語らいを重ねてきた中国の文豪・巴金《ぱきん》先生も、魯迅先生のお弟子さんの一人である。若き巴金先生が初めて文学叢書《そうしょ》の編集に携わった時、魯迅先生の門をたたき、原稿の依頼をした。

魯迅先生は、無名の一青年の依頼を、快く引き受けてくれた。しかも、「もたもたして彼らに迷惑をかけるわけにはいかない」（『魯迅先生を追慕する』石上韶訳、『真話集』所収、筑摩書房）と、予定より、ずっと早く原稿を送ってくれたのである。

巴金先生は回想されている。

「（＝魯迅）先生は、校正刷《ゲラ》り一つ見るにも、本一冊封筒に入れるにも、文章一篇を校閲するにも、画帖《がじょう》一冊編集印行《いんこう》するにも、事《こと》の大小を問わず、また、自分のことたると他人のことたるとにかかわりなく、すべて真面目に対処され、全く、物事を少しも仮初《かりそ》めにされないのである」（同前）

「小事が大事」である。徹して小さいことを大事にされる先生であった。

ある時、一人の学生が魯迅先生の本を買いに来た。学生は、ポケットからお金を取り出して、魯迅先生の手のひらに置いた。そのお金には、まだ彼の温もりが残っていた。

自分の本に影響を受けた青年が、今後、どんな人生を歩むのか——。

魯迅先生は「その体温は私の心に烙印《らくいん》をおした」（「『墳』の後に記す」松枝茂夫訳、前掲選集5所収）と綴っておられる。

どこまでも一人を大切に思う先生であった。

青年を育成するため、粉骨砕身《ふんこつさいしん》された魯迅先生。だが、一九二三年秋、北京の各大学で講義をするようになったころから、発熱し、喀血《かっけつ》もした。肺結核の初期症状であった。

私も十代のころから結核に悩まされた。あの苦しみは、経験した者にしか分からない。

魯迅先生は、病を押して、青年を育て続けたのである。

「生活の路上に一滴一滴血を滴《したた》らしつづけ、その血を他人に飲ませて、そのため自分が痩《や》せ衰えるのを知りつつなおかつ愉快であったのも、みずから欲してそうした」（前掲『両地書』）

「老いたる者は道をあけてやり、うながしつつ、はげましつつ、若者を進んで行かせる。途中に深淵《しんえん》があれば、その死でこれを埋め、彼らを進んで行かせる」（「随感録四十九」伊藤虎丸訳、前掲全集1所収）

青年が「花」と咲くためであれば、自分は喜んで「土」になろう。魯迅先生は、そういう人であった。

語学と読書で青春を鍛える

魯迅先生のご子息である周海嬰氏が、創価学園を訪問してくださった（二〇〇四年三月）。その際、学園生に、語学を学ぶ重要性を、次のように語ってくださった。

「父の仕事は、半分は自分の作品で、半分は翻訳でした。父は、日本に留学しており、日本語ができました。ロシア語も、ドイツ語もできました。だから、ロシア語の原著から中国語に翻訳する場合でも、原著だけでなく、ドイツ語版や日本語版があれば、それも参考にしていました。幼いころから、語学に力をいれていたおかげです」

「皆さんも、まだ若いのですから、今から努力すれば、何カ国語でもマスターすることができます」

魯迅先生は、日本に留学して一年たったころから、ジュール・ヴェルヌの科学小説『月世界《げっせかい》旅行』『地底旅行』、ユゴーの『見聞録』など、世界各国の小説等を、中国語に翻訳した。

生涯で行った翻訳は、ゴーゴリやミツキェヴィチ、ニーチェ、夏目漱石など十四カ国百人に及ぶ作者、二百余の作品を数える。

青春時代の語学と読書の徹底した鍛えが、魯迅先生を支え続けたのである。

魯迅先生は、語学を学ぶうえで、大事な点をあげている。

まず、「毎日止めないことが肝腎」(前掲「中国人宛書簡　抄」)。持続は力である。

魯迅の子息である周海嬰氏から贈られた署名入りの家族写真（95×64センチ、1933年撮影）。父・魯迅と許広平夫人に囲まれて。一家の麗しい絆がうかがえる
©Seikyo Shimbun

そして、「新しい単語と文法を暗記するだけでは不十分」「ガムシャラに読まないといけない」（同前）と。

単語が分からなくても、調べながら、とにかく一冊の本を読み切る。内容がよく分からなくてもいい。読み終えた後、また同じように別の本を読む。それを続け、半年もしてから、あらためて以前に読んだ本を再読すると、最初に読んだ時よりも、より分かるようになっているものだ——。

ほかにも、「良い語学の先生に教わる」「良い辞書を持つ」ことなど

に言及されている。

それらは、先生自身が外国語を習得するうえで実感されたことであろう。また先生は、許広平夫人にも日本語を教えておられる。

「語学」を学ばなければ、世界との平和の交流もできない。また、人生を小さくしてしまう。それでは、まったく損である。

わが愛する創大生の皆さんも日々、語学の習得へ研鑽を重ねている。

昨年（二〇〇四年）秋、中国で五指に入る名門・上海交通大学に留学していた創大生が、同大学のスピーチコンテスト（弁論大会）に出場した。「魯迅精神と上海」をテーマに、中国語でスピーチし、堂々の優勝を果たしたとうかがった。

私は創大生の活躍の様子を聞くと、心が躍る。わが魂を受け継いでくれる宝の青年たちである。

創大でも、学生主体の外国語の弁論大会を毎年開催している。中国語、英語、ドイツ語、ハングル、フランス語、スペイン語、スワヒリ語、ロシア語の八言語である。日本有数の大会として注目を集めるようになった。

魯迅先生のごとく、世界への眼を開き、世界市民を輩出していくのが、わが創価大学の使命である。

どんなことがあっても「学生のために！」

一九二四、五年のことである。魯迅先生が講師を務めていた北京女子師範大学では、軍閥政府の側について封建的教育を復活させようとする学長と、自由な校風を求める学生たちとの対立抗争が起こる。

有名な「女師《じょし》大事件」である。

この時魯迅先生は、自由を求める学生を支持し、軍閥政府と真っ向から対決した。この事件をきっかけに、以後、魯迅先生は、政治権力やマスコミ権力を相手に、命がけの言論闘争を強《し》いられることになるのである。

魯迅先生の心には、どんなことがあっても、「学生のために！」との闘争の炎が燃え盛っていた。

そんな魯迅先生の姿を、許広平夫人は、「青年に有利なこと、人民に有利なことでありさえすれば、かれは一切をかえりみず没頭した」（前掲『魯迅回想録』）と証言している。

創価大学も永遠に「学生が中心」である。「学生のための大学」である。この根本の精神が盤石であれば、創価大学は盤石である。創立者として、そのことを強く訴えておきたい。

今こそ私は、百年、否《いな》、千年と続く、「創価教育の不滅の基盤」を築き上げていく決心である。

「寸鉄《すんてつ》人を殺す」デマとの言論闘争

魯迅先生の人生は、激しい論争また論争であった。

何と戦ったのか。

魯迅先生は言う。

「いろんな事について、私はやはり真実を語りたい。そのためには他人の『デマ』を抹殺する外《ほか》はないのだ」（「鬚の話から歯の話まで」松枝茂夫訳、前掲選集5所収）

真実に対して、どこまでも謙虚で真剣な先生であった。ゆえに、デマとは猛然と戦った。

「平和を愛すると自称する人民にも、人を殺して血もみせない武器がある。それはデマを製造することだ」（「デマ世家」竹内実訳、前掲全集6所収）とも喝破されている。

青年を惑《まど》わし、苦しめ、押しつぶす、卑劣《ひれつ》な敵と戦った。

悪との論争と、青年の育成。それは、魯迅先生にとって〝車の両輪〟であった。

魯迅先生またいわく。「人間は、まちがった風説でも、聞きなれると、たわいもなく迷わされてしまう」（「寡婦主義」松枝茂夫訳、前掲選集5所収）

どれほど低俗でバカげたデマでも、何回も繰り返されれば、人は信じてしまう。それを知るがゆえに、先生は、いかなるデマも放置しなかった。

さらに、「私の生涯のなかで、私に大きな損害を与えたものは、決して出版社や、兵隊、匪賊《ひぞく》などではなく、なおさら旗色鮮明な小人などではなくて、それは『流言』

というものである」（「閑話などにはあらず〈三〉」相浦杲訳、前掲全集4所収）と断じられている。

デマが人間を不幸にする。社会を暗黒にする。だからこそ魯迅先生は戦った。言論を武器に戦い抜いた。

「デマをとばしたやつの化《ば》けの皮をひんむいてやる」（「こまごました事」竹内好訳、前掲文集2所収）と。

こうした悪辣《あくらつ》なデマとの闘争の中から生まれたのが、「雑感文《ざっかんぶん》」といわれる魯迅先生の批評文である。その文章は、短文で、切れ味鋭く、「寸鉄《すんてつ》人を殺し、一刀《いっとう》血《ち》を見る」（郁達夫「魯迅と周作人」松枝茂夫訳、『周作人随筆』所収、富山房）すごみがあった。

烈々たる反撃精神

その一端を見てみたい。

一般によく「低俗な批判には取り合うな。自分を相手と同じレベルに下げてしまうから」と言われる。

しかし、魯迅先生は違った。もしも黙っていれば、デマを流す人間の思うつぼであると。

汚物のように人をうんざりさせるデマをばらまく人間に対して、魯迅先生は言い放った。

「賤《いや》しい奴らの中には、汚物を人に投げつけては、向《むこ》うはきっと相手になるまい、手を出せば、自分のほうが人格をおとすことになるのだから、と考えているのもいる。だが、私は元通りに投げかえしてやる。もし、向うが投げてよこすならば」（『教育界の三魂』の『附記』中川俊訳、前掲全集4所収）

相手の言葉を逆手にとって、何倍にもして、投げ返す。「一」言われたら、「十」言い返す。この烈々たる反撃精神こそ魯迅先生の魂であった。

「蟹《かに》は甲羅に似せて穴を掘る」という。悪人が人を陥《おとしい》れるためにつくるデマや中傷は、じつは、悪人自身が陰《かげ》でやってきたこと、本心から望んでいることである場合が多い。これがデマをデマと見抜くポイントであると魯迅先生は言っている。

たとえば、ある雑誌が、「魯迅が陰で学生を扇動している」「ソ連からルーブルをもらっている（金で動いている）」というデマを繰り返し流した。じつは、その雑誌の連中こそが、「デマで扇動し」「軍閥《ぐんばつ》政府から陰で資金援助を得ていた」のである。

魯迅先生は、こうした事実を暴露しながら、「デマを流す人間は、自分で自分のやったことを白状しているのだ」ということを、だれにでも分かるように、くっきりと浮かび上がらせた。

魯迅先生の言論は「鏡」であった。

〝私の鏡は、まったく憎らしくて、映し出すものは、相手に嘔吐《おうと》を催《もよお》させるものばかりだ〟――こう自ら記した通りであった（「手紙にあらず」中川俊訳、同全集4所収、参照）。

魯迅先生は、デマとの闘争の軌跡を、克明に書き残した。

それは、なぜか。

「将来の戦闘する青年が、もしも似たような境遇の中で、ふとこの記録を見たとすれば、必ずや顔をほころばせて一笑し、さらにいわゆる敵人とはどのようなものであるかをはっきりと知るのではないかと私は思う」(「『偽自由書』後記」増田渉訳、前掲選集9所収)ゆえである。

勝利に酔う隙に敵は立ち上がる

デマとの戦いについて、もう一点、述べておきたい。

こうした魯迅先生の論争の渦中で、ある雑誌の一派から、「もう論争は止めろ」という声があがった。

「青年を指導する立場にありながら、互いに罵りあいをつづけるならば、劣悪な社会が出現するだろう」(「私はまだ『止める』わけにはいかぬ」中川俊訳、前掲全集4所収)

こう、もっともらしく言うのである。

だが事の真実は、その一派が、仲裁を装って、魯迅先生を口封じしようとしたわけである。

「私はまだ『止める』わけにはいかぬ」(同前)。こう毅然と魯迅先生は宣言する。

中途半端は相手を利するだけだからである。

魯迅先生は言われた。「少しばかり勝利を得ると、凱歌の中に酔いしれ、緊張を失い、進撃を忘れる。そこで敵はまた、隙に乗じて立ち上がるのである」（「滬寧奪回祝賀のかなた」須藤洋一訳、前掲全集10所収）

ゆえに、極悪とは徹底して戦って、戦って、攻め抜け。これが魯迅精神である。

自分が人を傷つけておきながら、いざ自分が責められると、平然と「寛容」を説く。

そういう人間がいる。それは自分の悪事をごまかすための「寛容」だ。そんな連中に、絶対に、だまされてはならない。

「他人の歯や眼《め》を傷つけておきながら、報復に反対し、寛容を主張する人には、決して近づくな」（「死」今村与志雄訳、前掲全集8所収）

魯迅先生が、死に臨《のぞ》んで書き残した遺言の一つである。

デマはデマと見破れば何も恐くない。悪は悪と見抜けば、打ち破ることができる。

だからこそ、民衆が聡明にならなければならない。

魯迅先生は叫んだ。

「彼らがどんなにデマをとばし中傷し、どんなに隠謀《いんぼう》し陥れようとしても、眼の利《き》く人が一目みればすぐに分《わか》って、人を陥れるねらいは外れ、いたずらに彼ら自身の下劣と無人格を暴露するだけである」（前掲「『偽自由書』後記」）

「百の批判の裏に一万の愛がある」

上海魯迅記念館から昨年（二〇〇四年）、研究誌『上海魯迅研究15』が発刊された。中国を代表する魯迅研究家の一人である陳漱渝《ちんそうゆ》氏（北京魯迅博物館前副館長）から届けていただいた。そこには、ご自身の論文も収録されている（テーマは「魯迅の人間学と池田大作の人間学」）。

光栄にも、魯迅先生の思想と私どもの運動との共通点に言及され、こう述べておられた。

「民衆への愛と、悪に対する憎しみは、人間の神聖な感情の両極であり、表裏一体をなすものである」と。

私どもの運動の本質を的確に突いておられる。邪悪への怒りなくして、正義は守れない。民衆は守れない。「怒りは善悪に通じる」のである。

子息の周海嬰氏が、しみじみと言われていた。

「父・魯迅は、不正は徹底して憎み、愛すべきことは徹底して愛しました。愛憎のはっきりした人間でした」

「しかし、『百の批判』の裏には、『一万の愛』があるのです。社会の時勢を厳しく辛辣《しんらつ》に批判する裏には、社会を、人々を愛する心があるのです」

魯迅先生のペンは、瀕死の重傷を負って泣き叫ぶわが子に、メスをふるう医師のごとくであった。

魯迅先生は達観されていた。

「いやしくも文名のある者は、大抵みな、人の誹謗《ひぼう》を受けている」(「摩羅詩力説」松枝茂夫訳、前掲選集5所収)

「先覚者は、いつも故国に容《い》れられないし、またいつも同時代の人から迫害をうける。大人物も常に同様だ」(「花なきバラ」増田渉訳、前掲選集6所収)

これが古今東西の道理である。ゆえに誹謗など恐れてはならない。

「どんなに攻撃を加えられようと、『言わずに隠しておく』ようなまねはしません」

（前掲『両地書』）

デマの脅しぐらいでは、私の口を黙らせることなどできない！――この「恐れなき言論」こそ、魯迅先生の生涯を貫く大精神であった。

牧口先生「悪人の敵こそ善人の友」

ペンの闘争に打ち込む一方で、一教師として、学生たちを守るために奔走《ほんそう》した魯迅先生。

青年への「慈愛」。悪への「怒り」。それが五体に燃えていた。

「正と邪」「善と悪」を峻別《しゅんべつ》せよ！――そのことを魯迅先生は身をもって教えた。

先生は訴えた。

「もしも今後なお光明と暗黒とが徹底的戦闘を行いえず、正直な人間が、悪を許すことを寛容と思い誤って、いたずらに姑息《こそく》のみを事とするならば、現在のごとき混沌状態は無限につづくことであろう」（「『フェアプレイ』は時期尚早であること」松枝茂夫訳、前掲選集5所収）と。

悪と戦い、悪を滅してこそ、善は生じる。それが道理である。

創価教育の父・牧口先生は叫んだ。

「悪人の敵になり得る勇者でなければ善人の友とはなり得ぬ」（『創価教育学体系』下、『牧口常三郎全集』6所収、第三文明社）

善の勝利のために、邪悪を責める勇気を持て！　邪悪を粉砕する智慧《ちえ》を磨け！――これを教えるのが、創価教育の根幹であらねばならない。

師に続け！　恩知らずにはなるな！

魯迅先生は、後に続く青年を励ました。

「前に立っている先輩を必ず跨《また》いで行き、先輩よりもっと高く大きくならねばなら

ぬ」(「『魯迅著訳書目録』後書」増田渉訳、前掲選集8所収)

学生たちは、学生のために戦う魯迅先生を信じた。魯迅先生を慕った。そして、魯迅先生と同じ心で、その後に勇敢に続いていったのであった。それが師弟である。

魯迅先生は言う。

「人生はいまのところ、まことに苦痛ですが、我々は光明をたたかいとらなければなりません。自分はめぐりあわなくても、後世に残すことはできます。我々はこのようにして、生きてゆきましょう」(「書簡」3、竹内実訳、前掲全集16所収)

魯迅先生もまた青年を信じた。青年に期待した。

しかし、中には、近くで大事に育ててもらいながら、魯迅先生の偉大さに嫉妬し、反逆し、裏切った青年もいた。

これが魯迅先生には、一番こたえた。「敵にやっつけられるより悲しくなります」(前掲『両地書』)と述べている。

魯迅先生は、こうも言う。

「師がもし罪なくしてひどい目にあったら、機に乗じて石を投げ、敵に気に入られる

ようにして自分を救おうとしてはいけない」（阿頼耶順宏訳、「書簡」2、前掲全集15所収）

師匠が正義を貫いて、難にあっているのに、それを守るどころか、敵に加勢して、大恩ある師匠に石を投げる。そういう弟子が、魯迅先生の時代にもいたのである。

断じて青年は、恩知らずになってはならない。

最もつらい時　師の姿が支えに

魯迅先生は生涯、師匠の恩を忘れなかった。

魯迅先生の師匠は、だれか。その一人が日本人の藤野《ふじの》厳九郎《げんくろう》先生であった。日本留学中、仙台医学専門学校（＝現在の東北大学医学部）で出会った解剖学の教授である。

藤野先生は福井県の出身。実直な人間教育者だった。

授業が終わった後、勉強の進み具合を心配して、魯迅青年に「私の講義、ノートが取れますか？」と聞いた。

ノートを差し出すと、数日後、細かく添削して返してくれた。

藤野先生は、中国のため、学問のためを思い、同じ人間として誠実を貫いた。魯迅青年は感激し、藤野先生を生涯の師と仰《あお》いだ。

魯迅青年は、帰国した後も、藤野先生から寄贈された先生の肖像写真を大切に書斎の壁にかけていた。

小説「藤野先生」の最後のくだりに、こうある。

「いつも夜になって疲れが出、ひと休みしようかと思うとき、顔を上げて、灯《あか》りの中の先生の浅黒い痩せ形の顔が、今にもあの抑揚《よくよう》のある口調で話しかけてきそうになるのを見ると、私は俄然《がぜん》良心に目覚め、勇気が満ちてくるのを覚える。そこで、やおらたばこに火をつけ、『正人君子《せいじんくんし》』の輩《やから》の憎悪の的となっている文章を書きつぐのである」（立間祥介訳、前掲全集3所収）

一文一文に心血を注いだ。悪を打ち破る文を綴るのは、命を削る作業である。その時に魯迅先生は、師匠の顔を思い浮かべた。その声を心で聞きながら、書きに書いた。

師匠とは、自分が一番つらい時に支えになり、正しき道へ導く存在である。それが魯迅先生にとっては藤野先生であった。

「師弟」に生きる人は、無限の勇気がわく。

民衆の悲願が託された大学

師弟ありて、理想の炎は永遠に燃える。

古代のギリシャ。嫉妬とデマに陥れられ、ソクラテスは刑死する。しかし、弟子プラトンが立ち上がり、師の哲学の光を全人類に伝えた。

創価教育もまた、師弟が根幹である。

創価教育の父・牧口先生は、『創価教育学体系』の緒言に、この書の発刊は愛弟子・戸田城聖の奮闘なくしてありえなかったと記した。その感謝の心を、デンマークの教育者グルントヴィとコルの師弟の姿に重ねられている。

牧口先生は、子どもたちの幸福のため、平和のために、正義を叫んだ。それゆえに難と迫害の連続であった。

その牧口先生のもとで、戸田先生は〝何回も難にお供した〟とおっしゃっておられる。それは、小学校の校長であった牧口先生が幾度も左遷された時。そして、軍部政府の圧力で投獄された時である。

師は命がけで正義を叫んだ。弟子もまた、ともに難を耐え、師と同じ心で立った。

牧口先生は、死して牢獄を出た。しかし戸田先生は、生きて牢獄を出た。それが、創価教育の新しい光源となった。

悪には断じて屈しない。勝つまで戦い抜く！

これが創価教育の原点である。魯迅先生の心である。

人類の歴史を前進させてきた大いなる力は、「師弟」なのである。

ともあれ、「人は生きねばならぬ」が魯迅先生の信念であった。青年は断じて生きねばならない、死んではならない。地をはってでも、生きて生きて生き抜いていくのである。

私は祈る。

青年よ、使命の舞台に雄々しく羽ばたけ！　そして勝利せよ！

創大生よ、短大生よ、学園生よ、アメリカ創大生よ、全員が、勝って勝って勝ちまくれ！

人間教育の勝利――これこそが、未来を決する、わが人生の最重要事なり。私は深く心に決めている。

正門の「創價大學」の文字は、牧口先生の筆による。創大が建つ丹木《たんぎ》の丘は、戸田先生が、青年を薫育するために氷川を訪れた途中、指さし定められた天地だ。

創価大学は、師弟の魂が刻まれた大学である。民衆の悲願が託された大学である。それを最高の誇りとし、永遠に忘れるなと私は諸君に叫びたい。

革命とは永遠の進撃

「命ある限り　私は学び続ける」

――北京から厦門へ、そして広州へ。

権力の迫害と戦い、行く先々で青年を育てながら、魯迅先生は、上海へと向かう。ここで、人生最後の闘争が開始されるのである。

魯迅先生の革命闘争の最後の舞台が、上海である。

一九二七年から一九三六年まで、人生の総仕上げの九年間を過ごされた。

私も初めての訪中の折(一九七四年六月)、上海の魯迅先生の故居《こきょ》を訪れた。

魯迅先生が執筆に使った机や筆、生前の原稿——それらの遺品の一つ一つに、革命の闘士の気迫がしのばれた。

簡素なこの部屋から、あの邪悪をえぐる言葉が、そしてまた青年を鼓舞する熱誠の言句が、弾丸のごとく撃ち放たれたのか——。

部屋には、こんな言葉が掲げられていた。

「もし、私が生きていることができるならば、もちろん、私は学び続けていく」

亡くなる二カ月前に認《したた》めた文章であった。

近くの虹口《ホンコウ》公園(魯迅公園)の一角《いっかく》に、魯迅先生の墓がある。美しい木々に囲まれた先生の座像は、遠く未来を見つめるような穏やかな顔であった。

上海の「魯迅故居」を訪問（1974年6月10日）。魯迅は、「私の意見は、みなどしどし書いています」「その時その時人々のために」（「書簡」松枝茂夫訳）と、この地で最期までペンを振るった　©Seikyo Shimbun

「幸せそうだね。戦った人だから……」。思わず口をついて出た感慨に、同行した青年も大きくうなずいていた。

ここには上海魯迅記念館が建ち、世界中から、魯迅先生の共鳴者が訪れる。北京魯迅博物館とともに、魯迅精神を世界に発信する〝希望の城〟である。

上海でもまた、闘争につぐ闘争であった。

体は強いほうではない。歯が悪く、しばしば胃痛に悩まされた。食事も満足にはできなかったようである。亡くなる七カ月前、突如、ぜん息の発作に襲われた。体重は四十キロを切っていた。その二カ月後に再発。発熱が続いた。診察したアメリカ人の医師は、信じられないという顔で語ったといわれる。

〝五年前に死んでいてもおかしくない〟

まさに、精神の力だけで生きていた。勇気を奮い起こし、最後の使命の炎を赤々と燃やして。

一九三〇年、「自由運動大同盟」「左翼作家連盟」が相次ぎ結成され、魯迅先生が発起人の一人になると、当局は、魯迅先生に「堕落文人《だらくぶんじん》」のレッテルをはり、逮捕状を出した。

実際、若い作家の中には、問答無用で逮捕され、密かに銃殺された者もいたのである。いつも敵に狙われていたので、家の中にいても、外から見える窓辺に立つことはなかったという。魯迅先生に、三万元の懸賞金がかけられたという噂も流れた。

それを聞いた魯迅先生は「ウソですよ、文学者なんかにそんなに出すもんですか。軍隊をもっている人間の首でなければ、そんなに高くは売れませんよ、たとえ僕にかけたとしても千元か二千元でしょう」と笑い飛ばした（『魯迅選集』8〈岩波書店〉の増田渉氏の解説から）。

「敵がいるからおもしろい！」

魯迅先生の文章は厳しく検閲された。書物は発刊禁止となった。

その弾圧の網を、かいくぐるように、百四十ともいわれるペンネームを使いながら、変幻自在、神出鬼没に、書いて書いて、書いて、書きまくった。

脅されようが、なだめられようが、決して信念を曲げなかった。ゆえに、右派からだけでなく、左派からも激しく攻撃された。

前も敵、後ろも敵――。

魯迅先生は言う。

「（＝論敵たちは）私を審問するでしょう、『お前は苦しいことが分《わか》っただろう。お前は悔《く》いあらためるか、どうか？』と」「しかし私は即座に答えます、『ちっとも苦しく

ない、ちっとも後悔していない。それどころか大へん面白い』と」（「通信」増田渉訳、前掲選集7所収）

敵がいるから、戦える。戦いがあるから、文学が生まれる。これほど、楽しい、愉快なことはないではないか！——これが魯迅先生であった。

「強敵《ごうてき》が人をばよくなしけるなり」（新一二三六ページ・全九一七ページ）とは仏典の不滅の一節である。

友情は国境を超えて

一九三〇年代前半、上海には二万数千人の日本人が住んでいたという。そこで多くの日本人が魯迅先生と出会い、友情を結んだ。

その最も代表的な人物が、上海で「内山《うちやま》書店」を開いていた内山完造《かんぞう》氏である。岡山県の出身。当時、指名手配されていた魯迅先生の隠れ家を用意し、食事など生活のこまごまとしたことまで気遣った。

そんな内山氏に対して、「日本のスパイだ」と非難の声があがったことがある。

魯迅先生は即座に反論した。

「内山書店といえば、この三年来、私はたしかに良く出かけては腰を下ろし、本を探しおしゃべりをしているが、上海の一部のいわゆる文人と比べてずっと安心である。(中略)人の血などは売らぬということを私は確信しているからだ」(『偽自由書』後記」、前掲『魯迅事典』所収)

魯迅先生は、どこまでも「人間」を見ていた。国籍や地位や利害など眼中になかった。

魯迅先生が最も苦しい時に、最も信頼を寄せたのが、日本の誠実な一店主であった。これは、両国友好の香《かぐわ》しき歴史であると思う。

内山氏は、魯迅先生の逝去の後も、残されたご家族を守り、支えた。戦後は、日中友好協会の初代理事長となり、終生、日本と中国の友好に尽くしていかれた。

弾圧が続くさなかのことである。中国文学を学びたいと、魯迅先生の門を叩いた日本の青年がいた。

島根県出身の増田《ますだ》渉《わたる》氏である。

青年の真摯《しんし》な思いに応《こた》えて、魯迅先生は快く引き受けた。約十カ月間、毎日のように、三時間ほどの個人教授を続けたのである。講義の後は、そのまま夕食をともにしたり、時には一緒に映画館に出かけたりもした。

魯迅先生の印象を「私にとっては何でも言える人、また何でも聞いてくれる人であった」と、増田氏は振り返っている（前掲『魯迅の印象』）。

魯迅先生は、増田氏が日本に戻った時も、何度も手紙を送って励ました。氏は、一九三五年、岩波文庫の『魯迅選集』を編纂《へんさん》するなど、中国文学の研究家として活躍し、重要な資料や証言を残しておられる。

さらに魯迅先生は、日本人だけでなく、各国の文学者、芸術家にも友人がいた。たとえば、アメリカの作家アグネス・スメドレー。同じくアメリカの作家で、記者であったエドガー・スノー。ロシアの盲目の詩人エロシェンコ。イギリスのノーベル文学賞作家バーナード・ショー。

韓国の青年詩人・李陸史《イーユクサ》も、魯迅精神を継承した一人であった。彼は、魯迅先生と握手をした、その手のぬくもりを心に秘めて、ペンによる抗日闘争の戦士となった。

そして、日本の特高警察に逮捕され、一九四四年の一月、北京の牢獄で壮烈な獄死を遂げている。

「幸福をつかむその日まで！」

アメリカの作家スメドレーは一時期、魯迅先生の上海の自宅に下宿し、紡績工場で働いたことがある。

彼女は上海を離れる時、工場で親しくなった工員の一人の女性に記念の品を贈りたいと、一緒に百貨店へ出かけた。

そこで友人が選んだのは、泥づくりの人形であった。もっといい物をとスメドレーが言うと、友人は首を横に振って言った。

「いいえ、私は家が貧しくておもちゃをもったことがなく、こんなお人形がほしかったんです。いま、私は四十歳になりましたが、あなたのおかげで長い間の念願をやっとかなえることができましたわ」（石垣綾子『回想のスメドレー』社会思想社）

いじらしい友人が手にした泥人形を見て、スメドレーは感じ入った――貧困の中であえぐ中国の民衆。いつかは、どん底から抜け出るのだと、人間らしさを求め続ける民衆。泥人形は、彼女たちの希望を象徴しているようだ。

魯迅先生に、この話をすると、先生はスメドレーに鋭い瞳を向けて、こう言ったという。

「たしかにそうだ。民衆は強い意志をもっている。それを手にするまではたたかいをやめないだろう」(同前)

すべての民衆は、幸福に生きる権利がある。否、最も苦しんだ民衆こそ、最も幸福になる権利がある。

自ら描いた「阿Q」のような民衆が強くなるために、魯迅先生は戦ったのだ。

「魯迅先生が熱望していたように、阿Qの頭脳は根本的に変わりました」

現代中国語文学の巨匠である金庸《きんよう》先生は、私との対談の中で、誇り高く語っておられた。

「魯迅先生の提唱を受けて立ち上がった多くの青年たちが、彼の指導に従って、その難事業を遂行していったのです」

頭《こうべ》を垂れ、背中を曲げ、口をつぐんでいた民衆が、背筋をピンと伸ばし、胸を張って歩き始めた。

「数え切れぬ阿Qたちが、何ものも恐れず、声をあげた！」——魯迅先生が熱望した「新しい民衆」の力が、今、中国の大発展を支えているのである。

金庸先生は言われた。

「多くの民衆の頭脳が変化し、民衆自身が闘争のために奮い立ちました」

日本で、世界で、二十一世紀の「民衆の本当の力」を引き出す戦いが、創価教育の使命である。

創作版画「木刻《もっこく》」を普及

上海時代の魯迅先生が、文学とともに力を入れたのは「版画」の普及であった。

外国から、たびたび作品集を取り寄せて紹介したり、作品を購入して展覧会を開いたりした。

特に重視したのは、原画を描く、木版を彫る、紙に刷る――という工程を一人で行うものである。これを魯迅先生は「木刻《もっこく》」と呼んだ。いわゆる「創作版画」である。

「木刻」普及の一つのきっかけが、内山完造氏の弟・嘉吉《かきつ》氏との交流であった（以下、内山嘉吉・奈良和夫『魯迅と木刻』研文出版から引用・参照）。

嘉吉氏は、東京の成城学園の小学校で教える美術の先生。一九三一年八月のある日、夏休みで内山書店に遊びに来ていた折、兄夫婦に版画を実演して見せているところへ、ちょうど魯迅先生が立ち寄ったのだ。

作業の様子を見ながら、「これを、上海の美術学生に教えてやってほしい」と魯迅先生は依頼した。専門家ではないので、と固辞する嘉吉氏に、魯迅先生は「初歩の手ほどきだけでいいから」と重ねて懇請した。

熱意におされて嘉吉氏が引き受けると、魯迅先生は「二、三日じゅうに学生を集める」と言って、急いで帰っていった。

版画講習会は六日間と決まった。時間は、朝九時から十一時の二時間。場所は、ふだん日本語教室に使われている会場であった。

初日。時間の少し前に、魯迅先生は内山書店を訪れた。その姿を見て、嘉吉氏は驚いた。

いつもは色あせた黒っぽい服装の魯迅先生が、おそらく着初《きぞ》めであろう、真っ白な輝くばかりの中国服を着て現れたからだ。嘉吉氏も完造氏も、並々ならぬ意気込みに圧倒された。

集った青年は十三人。ほとんどが二十代前半のようだ。六日間、全員が一人も欠けることなく受講した。期間中、通訳を務めたのが魯迅先生である。

その様子を、嘉吉氏は、こう回想する。

「通訳される魯迅さんの話は、いつも私のより長かった。豊かな話になっていたわけである。静かだが熱情のこもった真剣さで、ひとことひとこと力づよく、ていねいに説き聞かせる話ぶりであった」

人類のための芸術は不滅!

なぜ魯迅先生は、版画を重視したのか。

先生が注目した「木刻」の利点は、小刀と板と紙だけで、だれにでもできる、その手軽さである。

高い絵の具や額縁もいらない。一つの版木で何枚も刷れて、より多くの人に見せることができる。お金のない画学生たちには、格好の表現手段であった。

さらに版画は、読み書きを学べなかった人にも、革命の理想を訴え、結束を呼びかける力を持っていた。

この講習会が後押しとなって、「木刻」は急速に普及した。青年たちは、いくつも美術グループをつくって学びあい、展覧会も開いた。

魯迅先生は、折あるごとに青年に助言と励ましを送り続けた。「木刻」は文学とともに、青年の革命意識を啓発する大きな潮流となっていったのである。

しかし二年後、日本の嘉吉氏のもとに届いた魯迅先生の手紙には、衝撃的な言葉が記されていた。

「一昨年ノ生徒達ハ半分ハ何処カニ行キ半分ハ牢ノ中ニハイッテ居ルカラ発展ハ有リマセンデシタ」

魯迅先生と志を同じくする青年たちは、魯迅先生と同じく、弾圧の標的となった。学校を追放されたり、ソ連の文学者の肖像を彫ったというだけで連行された。解散に追いこまれた美術グループもあった。

のちに子息の周海嬰氏が調べたところ、十三人の受講生の中には、強制収容所で獄死した青年もいた。日本軍機の空襲で爆死した青年もいた。権力者らの理不尽な仕打ちは、青年たちの自由を、希望を、そして命までも、無残に奪っていったのである。

魯迅先生は、怒りをこめて書き綴った。

「世界にはその実《じつ》どこにも我々と同じ仲間である『辱《はずか》しめられ虐げられた』人があり、しかもその上に、これらの人々のために悲しみ、叫びそして闘っている芸術家がいる」「そうだ。人類のための芸術は、別の力をもっては阻止できないのだ」（「深夜に記す」松枝茂夫訳、前掲選集12所収）

あらゆる弾圧を受けた「木刻」。それでも青年たちは、彫ることをやめなかった。

戦いの中で生まれた作品群は、やがて全国巡回展を開くまでに勢いを増した。

第一回は一九三五年。

第二回は翌三六年。

第二回の上海展の会場で、弟子たちの成長に目を細め、さまざまにアドバイスを送る魯迅先生の横顔が、写真に残されている。

それは十月八日。魯迅先生が亡くなる、わずか十一日前であった。

青年たちが、病身の魯迅先生を気遣うと、先生は「送らんでもいいよ、送らんでもいいよ！」と言って、会場を後にされたという（前掲『魯迅と木刻』引用・参照）。

生命の最後の燃焼を捧げて、弟子たちを鼓舞する「革命の師」であった。

そして、ついに一九三六年十月十九日、午前五時二十五分。夜明けの時であった。

魯迅先生は、波瀾万丈《はらんばんじょう》の革命の生涯を閉じた。五十五歳であった。

多くの青年たちに、「戦う正義の魂」を残して、魯迅先生は逝去した。

その報は、全中国に伝えられた。その日のうちに、葬儀委員会がつくられ、孫文夫人の宋慶齢《そうけいれい》、北京大学学長を務めた蔡元培《さいげんばい》、作家スメドレー、内山完造の各氏らが名前を連ねた。

魯迅先生の遺体は十九日午後、万国殯儀館《ばんこくひんぎ》に移され、数日の間に、一万人を超える市民が弔問に訪れている。そして二十二日午後、若き弟子たちにかつがれて出棺。万国公墓まで約二時間半にわたり、葬送の行進が行われた。

その後には五千人とも、七千~八千人ともいわれる男女の青年や労働者たちが続いた。警察の銃撃にあうことも覚悟のうえであったという。そして、多くの民衆が見守る中、棺《ひつぎ》は墓に納められた。

その棺は──「民族魂」と記された、白い旗に包まれていた。魯迅先生の葬儀は、すべて友人たちの手で行われたという。

永遠に変革し続けてこそ「革命」

亡くなる一カ月前、魯迅先生は、遺言として「死」という一文を認めた。

その最後に、こうある。

「ヨーロッパ人が死に臨んで、他人の許しを請い、自分も他人を許すという儀式をよくやる話を思い出した。

私の敵はかなり多い方だ。もしも新しがりの男が私にたずねたら、何と答えようか？　私がしばらく考えてから、決めたのはこうだった。

勝手に恨ませておけ、私の方でも一人だって許しはしない」（松枝茂夫訳、前掲選集12所収）

この執念！　この気迫！　この怒り！

亡くなる二日前にも、戦いの文章を書き綴っておられる。

そして、前日の朝も「新聞と眼鏡を持ってきてくれ」と言って、丹念に、新聞に目を通していたという（小田獄夫『魯迅伝』大和書房、参照）。

私の胸には、恩師・戸田先生の「追撃の手をゆるめるな」との遺言が、常に鳴り響いている。

革命に、これで終わりというものはない！　永遠に進むのだ！　断じて、追撃の手をゆるめるな！——この通りに、私は戦い抜いてきた。それが私の誇りである。

魯迅先生は言う。

「『革命が成就した』というのは、とりあえずのことを指しているのであって、ほんとうは『革命はまだ成就していない』のである。革命には果てがなく、もしもこの世に『これが最高』などということがほんとうにあるとすれば、この世はたちどころに動かぬものとなってしまう」（「黄花節の雑感」井口晃訳、前掲全集5所収）

立ち止まってしまえば、革命は、そこで終わりである。

「永遠に変革し続けてこそ革命」である。ゆえに、後継の青年が大事なのだ。

革命とは——

永遠の向上である。

永遠の成長である。

永遠の闘争である。

「永続革命」こそ、魯迅先生の生き方そのものであった。

日中の友好を世々代々に

魯迅先生と日本人をめぐり、一つのエピソードがある。

一九三二年一月二十八日、日本軍は、虚偽の口実をでっちあげ、上海への攻撃を開始（第一次上海事変）。街は破壊され、多くの市民が虐殺された。

この時、自分の体を張ってでも、傷ついた中国の人たちを救いたいと声をあげ、医療団を結成して、上海に乗り込んだ日本人がいた。

著名な生物学者であり、東洋で最初のロボットをつくったと言われている西村真琴《まこと》博士である。

西村博士は、上海事変の激戦地の「三義里《さんぎり》」に足を踏み入れた時、飢えて動けなくなった一羽の鳩を見つけた。この鳩を看病し、大阪・豊中《とよなか》の穂積《ほづみ》（＝現在の服部西町）の自宅に連れて帰った。もしも、日本の鳩との間に子どもが生まれたら、平和の使者として上海に贈ろう――そのように博士は考えていた。

鳩は、拾われた地名にちなんで「三義」と名付けられた。

三義は、いったん元気になるが、残念なことに死んでしまう。村の人たちは、西村博士の落胆を察し、また三義の死を悼《いた》んで、博士の家の庭に石を運んで、お墓（三義塚）をつくった。

村人は言ったという。

「おしいことをしてしまった。はるばる上海から来て穂積の村で死んだからには、俺らが塚を建ててやるだ」（『魯迅全集』20〈学習研究社〉の「月報」第20号から）

「三義塚」のいきさつを知った魯迅先生は、「三義塔に題す」との一詩を認めたのであった。

「塔」の字には、村人への最大の尊敬が込められていたのであろう。

「鳩は眠りからさめれば、古《いにし》えの精衛《せいえい》（＝伝説上の鳥）のように、石をくわえて東海を埋めようとするであろうし、中日両国の闘士たちは、堅固なまごころでもって協力して時代の流れに抵抗している。

大災厄の波を渡りおえたさきに、両国の兄弟がいる。めぐりあって一笑すれば、そのとき、古い仇恨《きゅうこん》は消滅するのであろう」（入谷仙介訳、前掲全集9所収）

この「三義塚」は、豊中市の中央公民館に移設され、今も大事にされている。

二〇〇二年には、魯迅先生の立派な詩碑も建立された。万代にわたる日中友好への希望を守り伝えゆく有志の方々に、心から敬意を表したい。

一九九七年の五月、私は第十次の訪中で、大発展を遂げる上海を訪れた。招聘《しょうへい》をいただいた上海大学のキャンパスは、かつて日本軍の攻撃で、破壊しつくされた場所である。

銭偉長《せんいちょう》学長は言われた。

「中国と日本は、力を合わせて、偉大なる東アジアを建設すべきです。唯《ただ》残念なのが日本の軍国主義なのです。日本は正しい歴史を若い人に教えるべきです」

今年（二〇〇五年）は戦後六十年。

青年に正しい歴史観を！　世々代々の友好を！――時代がどう変わろうと、創価大学は「日中友好の大道」「世界平和の大道」を誠実に進みゆくことを明確に宣言しておきたい。

心から心へ　闘争の炎は広がる

抗日の戦いに耐え抜いた中国の人々。

人民を勇気づける一つの原動力となったのは、じつは「木刻」であった。転戦につぐ転戦。版画家たちは、新聞の挿絵を彫り、チラシを刷った。

人民の勝利を確信する闘争の炎は、木刻を通じて、人民の心から心へ、燃え広がったのである。それが、魯迅先生が心血を注ぎ、弟子たちが全力で受け継いだ「木刻芸術」の底力であった。

そして一九四七年。

戦後の荒廃期の日本で、いち早く中国美術を紹介した展示会は、木刻の作品展であった。内山嘉吉氏が所蔵し、戦火を免れた作品群である。

中国では、こんな素晴らしい版画がつくられていたのか！――それまで中国のことを何も知らなかった日本の市民が、驚きの声をあげた（前掲『魯迅と木刻』参照）。

「民衆のために」立ち上がった青年の闘争の炎は、何ものも消すことはできない。

その火種を、青年の胸の奥深くに灯《とも》した人が魯迅先生であった。

この歴史的な展示会を実現させたのは、当時、神戸を中心に活躍されていた版画家・李平凡《りへいぼん》画伯である。李画伯の熱意にふれて、嘉吉氏は作品を提供された。

李平凡画伯は、創価大学の教壇に立つ李燕《りえん》先生のお父様である。

貴重な作品群は、現在、神奈川県立近代美術館に収められ、大切に保存されている。

同美術館と魯迅先生ゆかりの方々の協力をいただき、一九七五年、私が創立した静岡の富士美術館（当時）でも、木刻作品と魯迅先生をしのぶ品々の展覧会（魯迅と中国版画展）を開催させていただいた。

新しき「民衆本位」の時代の潮流を

日中国交正常化後、初めて、中国から六人の正式な留学生を、わが創価大学にお迎えしたのも、同じ年の春である。

今、留学生の流れは大河となり、多くの学友が、中国の発展と両国の友好事業の最前線で活躍されている。また全青連（中華全国青年連合会）をはじめ、青年交流も一段と広がってきた。交換教員の先生方のご活躍も素晴らしい。

創価大学で学び、研究に励み、友情を結んだ逸材が、世界の各地で縦横無尽に活躍する時代が、いよいよ本格的に到来した。

高名な中国文学者で魯迅研究者である竹内好《よしみ》氏は、国家と民衆の関係について、こう語っている。

（＝竹内氏は一九六八年、創立者の日中国交正常化提言が発表された際、「光りはあったのだ」と題する一文を認め、提言に全面的な賛同を寄せている）

「人、そして人の集合体としての民族、これが本体であって、国家はその生存のための手段にすぎない。国家を本位にし、国家を目的化すると、方針を誤る。過去の侵略戦争がそのよい教訓だった。いま、侵略戦争の非を非とするためには、国家本位からの脱却がどうしても必要である」（『竹内好全集』11、筑摩書房）

二十一世紀にこそ、時代の潮流を断じて「民衆本位」「人間本位」へと転換していかねばならない。ここに創価大学の使命があると強く申し上げておきたい。

魯迅先生は展望していた。

「いかなる暗黒が思潮の流れをさえぎろうとも、いかなる悲惨が社会を襲おうとも、いかなる罪悪が人道を冒涜《ぼうとく》しようとも、人類の完全を渇仰《かつごう》する潜在力は、それらの鉄条網を踏んで前進せずにはいない」(「生命の路」伊藤虎丸訳、前掲全集1所収)

創価大学は「人道の勝利の世紀」をつくる大学である。「平和と文化の連帯」を広げる大学である。

世界の民衆の間に「黄金の友情の懸け橋」を築いていく——その重大な使命を担う主体者こそ、創価の学生・卒業生の皆さんである。一人も残らず、私の生命であり、私の希望である。

道をつくれ！「永遠の進撃」をともに！

結びに、魯迅先生の言葉を皆さんに贈りたい。

「光明はかならずや訪れる。あたかも夜明けをさえぎることはできないように」(「寸

鉄」伊藤虎丸訳、前掲全集10所収）

「思うに希望とは、もともとあるものともいえぬし、ないものともいえない。それは地上の道のようなものである。もともと地上には道はない。歩く人が多くなれば、それが道になるのだ」（「故郷」竹内好訳、前掲文集1所収）

「最後の勝利は、喜ぶ人々の数にあるのではなく、どこまでも進撃する人々の数にある」（「涅寧奪回祝賀のかなた」須藤洋一訳、前掲全集10所収）

革命とは「永遠の進撃」である。私は、青年とともに進み続ける。

平和と正義の旗を掲げて、「永遠の進撃」を、新たに開始しよう！

世界の友と一緒に！

「教育の勝利」の暁《あかつき》を目指して！

〈主な参考文献〉

『魯迅全集』全二十巻・学習研究社、『魯迅選集』全十三巻・岩波書店、『魯迅文集』全六巻・竹内好訳・筑摩書房、『魯迅の印象』増田渉著・角川書店、『魯迅回想録』許広平著・松井博光訳・筑摩書房、『暗い夜の記録』許広平著・安藤彦太郎訳・岩波新書、『魯迅の思い出』内山完造著・社会思想社、『魯迅――その文学と革命』丸山昇著・平凡社東洋文庫、『魯迅と木刻』内山嘉吉・奈良和夫著・研文出版、『魯迅事典』藤井省三著・三省堂書店、『中国文学史研究』増田渉著・岩波書店、『魯迅と日本人　アジアの近代と「個」の思想』伊藤虎丸著・朝日選書、『魯迅伝』小田獄夫著・大和書房、『真話集』巴金著・石上韶訳・筑摩書房、『魯迅』竹内好著・未来社、『新編　魯迅雑記』『続　魯迅雑記』竹内好著・勁草書房、『魯迅』飯倉照平著・講談社、『中国の人と思想十二　魯迅　花のため腐草となる』丸尾常喜著・集英社、『魯迅――革命を生きる思想』檜山久雄著・三省堂、『北京における魯迅』竹中憲一著・不二出版、『魯迅――その教育思想と実践』顧明遠著・横山宏訳・同時代社、『魯迅　日本という異文化のなかで』北岡正子著・関西大学出版部、『魯迅――阿Q中国の革命』片山智行著・中公新書、『わが父　魯迅』周海嬰著・岸田登美子・瀬川千秋・樋口裕子訳・集英社、『中国小説の歴史的変遷』魯迅著・丸尾常喜訳注・凱風社、『魯迅と仙台』魯迅・東北大学留学百周年史編集委員会編・東北大学出版会、『魯迅伝』パズネーエワ著・川上久寿訳・波書房、『写真集・魯迅伝』人民美術出版社、『ユリイカ』一九七六年四月号「特集・魯迅――東洋的思惟の復権」青土社、『文学』一九七六年第四十四巻第四号「魯迅と三十年代の中国文学」岩波書店、『文芸読本　魯迅』河出書房新社、『しにか』一九九六年十一月号「特集・魯迅を読む」大修館書店、『中国革命の思想』竹内好・山口一郎・斎藤秋男・野原四郎著・岩波新書、『回想のスメドレー』石垣綾子著・社会思想社、『中国木版画展』図録・神奈川県立近代美術館／富士美術館、『鄧穎超伝』金鳳著・人民出版社、『旭日の世紀を求めて』金庸・池田大作著・潮出版社、『東洋哲学研究所紀要』第十九号所収「清末中国人留日学生と『人生地理学』――『浙江潮』を通して」高橋強著

創価女子短期大学・特別文化講座

永遠に学び勝ちゆく女性
マリー・キュリーを語る

（2008年2月8日〜29日）

創価女子短期大学・特別文化講座「永遠に学び勝ちゆく女性マリー・キュリーを語る」は、『聖教新聞』二〇〇八年二月八日～二十九日付（全六回連載）で発表したものです。

使命を自覚すれば希望と勇気が生まれる

誉《は》れの青春

素晴らしき青春の詩を紹介したい。

「私は幸福だ　わが優しき友よ
かくも純粋で調和に満ちた君の声が
私の夢を　揺りかごのように揺らしながら歌う時

私は幸福だ　私は幸せだ」
「人生のために　君がより良き人間になることを私に約す時
　私は幸福だ」

これは、大科学者であり、豊かな詩心をあわせ持っていた女性マリー・キュリー（一八六七〜一九三四年）が記《しる》し残した詩の一節です。

私と妻の「夢」は、創価教育の創始者・牧口常三郎先生、そして戸田城聖先生の「夢」を実現することであります。

その最大の「夢」の一つが、女性教育の殿堂たる創価女子短期大学の創立でありました。

この短大の麗《うるわ》しきキャンパスで、「正しき人生」「幸福の人生」「勝利の人生」へと、「誉《は》れの青春」を乱舞しゆく皆さん方を見守ることが、私と妻にとって、何よりも何よりも幸福なのであります。

春夏秋冬、励ましを贈りゆく像

わが創価女子短大の「文学の庭」には、マリー・キュリーの像が立っています。背筋を凛《りん》と伸ばし、真摯《しんし》な探究の眼差《まなざ》しで、手にした実験のフラスコを一心不乱に見つめています。

うららかな桜花爛漫《らんまん》の日も、激しい雷雨の日も、寒風の吹きすさぶ木枯《こが》らしの日も、そして白雪の舞いゆく日も、学び勝ちゆく姿で、わが短大生の向学の春夏秋冬を励まし続けてくれています。

この高さ二・五メートル、台座一・五メートルの像は、アメリカの気鋭の彫刻家ジアノッティ氏が、一九一五年の写真をもとに渾身《こんしん》の力を込めて制作されたものです。第一次世界大戦のさなか、放射線治療班を組織して、負傷兵の看護に奔走《ほんそう》した時期のマリー・キュリーの姿です。

この像の除幕式が行われたのは、一九九四年の春、四月四日。寄贈してくださったブラスナー博士ご夫妻と一緒に、私と妻も出席いたしました。

創価女子短期大学（東京・八王子市）のキャンパスに立つマリー・キュリー（1867〜1934年）の像

©Seikyo Shimbun

式典に参加した短大生の皆さん方の、あの晴れやかな喜びの笑顔が、私は本当にうれしかった。

マリー・キュリーは、一八六七年の十一月七日生まれ。「創価教育の父」である牧口先生が生誕したのは、一八七一年の六月六日ですから、ほぼ同世代になります。

私の恩師・戸田先生も、牧口先生と同じ時代を生きたマリー・キュリーの足跡《そくせき》に格別の関心を寄せられ、偉人として最大に賞讃されていました。私が短大にキュリー像を設置した淵源《えんげん》も、ここにあります。

私の行動の一切の起点は、師への報恩であり、師の構想の実現であります。恩師のもとで、若き日に編集長を務めた雑誌『少年日本』に「キュリー夫人の苦心」と題する伝記を掲載したことも、懐かしい。

この像の除幕から四年後の一九九八年の秋、短大生の代表が、来日していたマリー・キュリーの令孫《れいそん》で、核物理学者でもあるエレーヌ・ランジュバン＝ジョリオ氏とお会いする機会がありました。

短大のキュリー像のことを申し上げると、それはそれは喜んでくださったといいます。

今回は、この像の前でゆったりと懇談するような思いで、講座を進めさせていただきたい。

ノーベル賞を受けた初の女性

改めて申し上げるまでもなく、マリー・キュリーは、人類史に輝きわたる屈指の大科学者です。

一九〇三年には、ノーベル物理学賞を受賞しました。（＝夫のピエール・キュリー、フランスの物理学者であるアンリ・ベックレルと共同受賞）

これは、女性として最初の受賞となりました。

さらに初の受賞から八年後の一九一一年には、ノーベル化学賞を単独で受けています。

二つのノーベル賞を勝ち取ったのも、彼女が初めてです。

しかも、その人格は、そうした〝世評の風〟によって、いささかたりとも左右されなかった。かのアインシュタイン博士も、「名のある人々のなかで、マリー・キュリーはただひとり、その名声によってそこなわれなかった人物である」（ビバリー・バーチ『キュリー夫人』乾侑美子訳、偕成社）と感嘆《かんたん》しておりました。だからこそ、時を超え、国を超えて、民衆から、彼女は深く広く敬愛されてきたのです。

これは、フランスの友人が教えてくれたのですが、五年前（二〇〇三年）にフランスの調査会社が、ヨーロッパの六カ国（ドイツ、スペイン、イタリア、フランス、ポーランド）の街角で、「最も好きなヨーロッパの歴史上の人物は誰か」と尋ねるアンケートを行いました。

イギリスのチャーチル首相や、フランスのドゴール大統領など、錚々《そうそう》たる歴史の巨人の名前が挙がりました。

そこで、六千人の通行人が一番多く筆頭に挙げたのは、いったい誰であったか？

マリー・キュリーその人であった、というのです！

二〇〇六年の十一月、フランスでは、「マリー・キュリーの記念コイン（二十ユーロの金貨・銀貨)」」が発行されました。

これは、一九〇六年の十一月、彼女が亡き夫ピエールに代わり、女性で初めてパリ大学の教壇《きょうだん》に立ってから百周年を記念して、作成されたものです。

さらにまた、昨年(二〇〇七年)には、パリ市内を走る地下鉄の一つの駅が、改装オープンに当たり、「ピエール・エ・マリー・キュリー駅」と夫妻の名前が付けられました。これは、三月八日の「国際女性の日」にちなんだものです。

マリー・キュリーという存在は、その夫ピエールとともに、今も生き生きと、人々の心の中に生き続けているのです。

使命を自覚せよ! そこに希望が

それは、今から三十六年前(一九七二年)の四月三十日の朝のことです。

二十世紀最大の歴史家トインビー博士と、私が対談を開始する五日前のことでありました。

私と妻はフランスの友人とともに、パリ郊外のソーにある、マリー・キュリーの家を訪ねました。

三階建ての赤い屋根の家。そこには銘板《めいばん》が設置されており、一九〇七年から一九一二年の間、マリー・キュリーが暮らしたことが刻まれていました。

この家で暮らした期間は、マリーにとって、最愛にして不二の学究の同志である夫ピエールを亡くした直後に当たります。

そしてまた理不尽な迫害など、幾多の試練を乗り越えていった時期でもあります。

さらに、一九一〇年、「金属ラジウムの単離」に成功し、翌年、ノーベル化学賞の栄誉が贈られたのも、この家で過ごした時代のことでした。

私は家の門の前に、しばし、たたずみ、マリー・キュリーの波瀾万丈《はらんばんじょう》の生涯に思いをはせました。

――生まれた時は、すでに外国の圧制下にあった、祖国ポーランドでの少女時代。幼くして、最愛の母や姉と、相次いで死別した悲しみ。

好きな勉強がしたくても、許されず、不遇な環境で、じっと耐え続けながら学んだ青春時代。

親元を離れ、大都会で、貧苦の中、猛勉強に明け暮れた留学の一日また一日。

女性に対する差別もあった。卑劣《ひれつ》な嫉妬《しっと》や、外国人であるゆえの圧迫もあった。

さらに、愛する夫との突然の別れ。そして戦争、病気……。

絶望のあまり、生きる意欲さえ失いそうになることもあった。

けれども、彼女は、ぎりぎりのところで踏みとどまった。

断じて屈しなかった。絶対に負けなかった。

そして、苦難を押し返していったのです。

私は、妻と一緒に並んで歩いていた、フランスの清々《すがすが》しい創価の乙女に語りかけました。

「私は、マリー・キュリーの偉大さは、二つのノーベル賞を取ったということより、『悲哀に負けない強さ』にこそあると思う。

順風満帆《まんぱん》の人生など、ありえない。むしろ困難ばかりです。

それを乗り越えるには、自分の使命を自覚することです。そこに希望が生まれるからです」

あの時、瞳を輝かせ、深くうなずいていた彼女も、使命の人生を、夫とともに、希望に燃えて歩み抜いてこられました。

今では、三人のお子さん方も、その父と母の使命の道を受け継いで、立派に社会で活躍しております。

戦う勇気、負けない勇気を！

マリー・キュリーは青春時代、友人への手紙に、こう記しました。

「第一原則、誰にも、何事にも、決して負けないこと」（スーザン・クイン『マリー・キュリー』1、田中京子訳、みすず書房）

「決して負けない」――これが、彼女の一生を貫いた金剛の一念です。

この一点を定めた人生は、強い。

私の妻のモットーも、「勝たなくてもいいから、負けないこと」「どんな事態、状況になっても負けない一生を」です。

戦時中、特高警察の監視の中、堂々と正義の信念を叫び抜く牧口先生の師子王《ししおう》の姿を、幼き日の妻は、自宅の座談会で目の当《ま》たりにし、生命の奥深くに焼きつけました。

そして、その後を継がれた戸田先生を人生の師匠と仰《あお》ぎ、「負けないこと」を鉄則として、黙々と使命を遂行してきたのです。

アインシュタイン博士は、マリー・キュリーを追憶する一文の中で書いています。

「まったくの知的な作業の面で彼女が何をなしとげたか、ということ以上に、おそらく、ひとつの世代そして歴史の一時代を画するものとして重要なのは、その傑出《けっしゅつ》した人格の内面的な質ではないでしょうか」(高木仁三郎『マリー・キュリーが考えたこと』岩波書店)

彼女の傑出した人格の特質――。それは、第一に「負けない勇気」であったと言ってよいでしょう。

「勇気」がなければ、どんなに人柄がよくても、人々を守ることはできない。偉大な使命を果たすことはできません。

戦う勇気！

恐れない勇気！

そして耐え抜く勇気！

この勇気を、マリー・キュリーは、いかに鍛え、いかに奮い起こしていったのか。

私と妻にとって、最愛の娘の存在である創価女子短大生、また創価大学、アメリカ創価大学の女子学生、さらに、創価学園の女子生徒の皆さん、そして、すべての創価の女性に、万感の期待を込めて、お話ししていきたいと思います。

「女性の世紀」のリーダーに！

また、短大を受験してくださった皆さんは、全員が、一生涯、短大姉妹です。

試験だから、どうしても合格・不合格はある。しかし、短大という場に来て戦ったこと自体は、厳然と生命に残る。それは、生涯、消えない。

ですから、何があっても、朗らかに、生命の王女としての誇りを持って、堂々と

全員が幸福に。全員が勝利者に。知性と福徳輝く「女性の世紀」のリーダーとして羽ばたいてほしい——創価女子短大生の成長を誰よりも願い、励ましを贈り続ける創立者夫妻（1990年4月28日、同短大で）　©Seikyo Shimbun

「誉《は》れの青春」を生き抜いてほしいのです。

私ども夫婦は、創価女子短大を受けてくださった皆さん全員の勝利と幸福の人生を、真剣に祈っています。

マリー・キュリーは、十九世紀から二十世紀への転換期を、あの像の姿のごとく、毅然《きぜん》と頭《こうべ》を上げて、胸を張って生き抜きました。

皆さん方もまた、学び勝ちゆく晴れ姿で、二十世紀から二十一世紀への転換期を生き抜き、不滅の歴史を創り残していただきたい。

皆さん方こそ、人類の希望と光る「女性の世紀」の旭日《きょくじつ》のリーダーだからです。

向学の魂燃やし、花の都へ

フランスと北東ヨーロッパを結ぶ交通の要衝《ようしょう》が、花の都のパリ北駅です。

私も、このパリ北駅から急行列車に乗って、五時間かけて、オランダの首都アムステルダムへと旅した思い出があります。二十五年前の一九八三年六月二十五日のことです。

私たちが乗る「北極星号」は夕刻に出発し、途中、停車したベルギーのブリュッセルでは、わざわざ待ってくれていた同志とともに、ホームで記念撮影をしました。

次のアントワープ駅でも、わずか一分の停車時間でしたが、同志と窓越しに心を通わせあったことが、今も胸から離れません。

――時代は十九世紀の終わりに遡《さかのぼ》ります。

一八九一年の十一月の早朝、パリ北駅のプラットホームに列車が到着しました。

長旅に疲れた多くの乗客とともに、一人の若い女性が、荷物を抱えて降り立ちました。

ポーランドのワルシャワから、三日間、ずっと四等車で揺られてきたのですから、くたびれていないわけがありません。身なりも質素そのものでした。

初めての大都会。まったく見知らぬ人々。不安がないと言えばウソになるでしょう。

しかし、その心には、熱い熱い向学の魂が燃え盛っていました。

この乙女こそ、若き日のマリー・キュリーなのです。

私の胸には、その誇り高き「第一歩」の足音が、寮生をはじめ、親元を離れて私の創立したキャンパスに集ってくださった学生の皆さん、そして留学生の皆さん方の決意の足どりと重なり合って、響いてくるのです。

この時、彼女は二十三歳。女学校を卒業してから、すでに八年が経《た》っていました。今であれば、大学を卒業している年頃です。一家全体の家計と学費の問題など、留学できるように環境を整えるまで、それだけの年月が必要であったのです。

学生生活にあっては、いわゆる浪人や留年、休学など、さまざまな事情で、人より年数がかかる場合もある。

しかし、人と比べて、くよくよすることはない。人生の戦いは長い。途中の姿で一喜一憂することはありません。

最後に勝っていけば、よいからです。青春の生命に失望などない。

もちろん、お父さんやお母さんには、よけいな心配をかけないように、努力を重ね、賢明な選択をすること。そして、必ず喜んでもらえる自分自身になって、親孝行をしていくこと。

この一点は、絶対に忘れてはなりません。

ここで、留学に至るまでのマリー・キュリーの歩みをたどっておきたいと思います。

マリーがポーランドのワルシャワに生まれたのは、一八六七年十一月でした。日本では、江戸幕府の終焉《しゅうえん》となる大政奉還《たいせいほうかん》が行われた、明治維新の時代です。

ともに優れた教育者であった父と母のもと、五人きょうだいの末っ子として誕生しました。生まれた時の名前はマリア・スクウォドフスカ。三人の姉と一人の兄がおり、「マーニャ」との愛称で呼ばれていました。

このワルシャワの生家のすぐそばには、ポーランドSGI（創価学会インタナショナル）の婦人部長（当時）のお宅があります。

このお宅では、いつも明るく、地域の座談会が開かれ、平和と幸福への実りある語らいが広がっております。

マーニャが生まれた当時、愛する祖国ポーランドは帝政ロシアの支配下にありました。ポーランド語の看板を通りに掲げることも許されない。ポーランドの歴史や言葉を教えることも厳禁。人々は不自由と屈辱《くつじょく》の生活を強《し》いられていたのです。

マーニャが通っていた学校にも、視学官が頻繁《ひんぱん》にやってきては、教育内容を厳しく監視していました。

もしも、自国のポーランド語で話したりすれば、自分だけでなく、両親にまで危険が及んでしまう。そんなひどい状況だったのです。

しかし、そうした環境であったにもかかわらず、マーニャの心が卑屈になることはありませんでした。

それは、思いやりにあふれた、温かな家族の絆があったからです。

お父さんは大変な勉強家で、人に教えることが大好きな人物でした。最新の科学に通じているとともに、何カ国語も話すことができました。

お母さんも、二十代で女学校の校長を務めるなど、まことに教養ある女性でした。

マーニャは、この父母を、心から愛してやまなかったのです。

世の中は暗い。つらいことも、たくさんある。けれども、家に帰れば、安心できる。何があっても家族で励まし合い、守り合っていける。

そうした和楽の家庭をつくっていくことが、社会の最も大切な基盤であり、平和の原点となるでしょう。

そして、何といっても、娘である皆さんの聡明さと、明るい笑顔は、家族を照らす陽光であり、和楽を築く大きな力です。

「家族のものが互いに結び合っているということは、ほんとうにこの世での唯一の幸福なのですよ」（エーヴ・キュリー『キュリー夫人伝《新装版》』川口篤・河盛好蔵・杉捷夫・本田喜代治訳、白水社）と、マリー・キュリーはのちに、姉への手紙に綴《つづ》っています。

家族の結合は、ともに人生の試練に立ち向かっていく中で、深まり、強まり、そして永遠性の次元にまで高められていくものです。

愛する家族の死を越えて

マーニャは、まだ十歳の時、思いもよらぬ悲しみに襲われました。

最愛のお母さんが、結核で亡くなってしまったのです。四十二歳という若さでした。じつは、その二年前には、病弱だったお母さんに代わって家事を切り盛りしてくれていた、一番上の優しいお姉さんも、チフスに感染して亡くなっていました。

相次ぐ家族の死去に、一家は打ちひしがれました。幼いマーニャは、こらえきれず、部屋の隅に座って涙を流すこともあったようです。

幼くして、家族を亡くすことは、一番、深い悲しみです。しかし、マーニャは、のちに自ら打ち立てた「第一原則」の通り、「決して負けなかった」のです。

「苦しみなしに精神的成長はありえないし、生の拡充も不可能である」（『文読む月日』上、北御門二郎訳、筑摩書房）とは、自らも幼くして母を亡くした、ロシアの文豪トルストイの言葉です。

創価学園の草創期、お母さんを亡くした中学生に、私は語ったことがあります。

「人生には、必ず、越えなければならない山がある。それが、早いか、遅いかだけなんだよ。

深い悲しみをかかえ、大きな悩みに苦しみながら、それに打ち勝ってこそ、偉大な人になれる。偉人は、みんなそうだ。

だから、君も、絶対に負けずに頑張るんだ」

その通りに、彼は、わが母校を〝母〟とも思いながら、大きな山を、学園生らしく越えていきました。

一人の勝利は、亡き家族の勝利であり、一家の勝利です。

そして、苦難を乗り越えた前進の足跡は、未来に生きゆく人々に、計り知れない勇気と希望を贈っていくのです。

短大生
　生き抜け
　　勝ち抜け
　　　この一生

人生には、さまざまな試練や悲しみがあります。

しかし皆さんは、決してそれに負けてはいけません。

創価女子短大に縁したすべての方々は、必ず人生の勝利者になっていただきたい。

それが私と妻の願いです。

学びゆく者こそ人間の王者

〝秘密の大学〟 監視の目をくぐって勉強

家族が「一家の魂」と慕う母を失った後、マリー・キュリーのお父さんは、いっそう、子どもの教育に大情熱を注いでいきました。

〝先立った妻のためにも、必ず子どもたちを立派に育て上げてみせる!〟という、深き真情であったのでしょう。

マーニャ（マリーの幼き日の愛称）は十五歳の時、最優秀の成績で、女学校を卒業しました。

しかし、当時のポーランドでは、それ以上、学問を続けることができなかった。高等教育への門は、いかに優秀であっても、女性には開かれていなかったのです。

勉強したくてもできないことが、どれほどつらいことか。私は自分の経験からも、痛いほどわかります。

若き日のマリー・キュリー。瞳には向学への強き意志が光る
（写真提供：ユニフォトプレス）

私たちの世代は、最も勉強に励める十代の青春を、戦争で滅茶苦茶にされたからです。

マーニャは、十六歳のころから、家計を助けるために家庭教師を始めました。

とともに、自らの学問への熱情は、いささかもやむことがなく、「移動大学」で学んでいったのです。

「移動大学」は、正規の大学ではありません。祖国ポーランドの復興を目指す青年たちが、自発的に設立した〝秘密の大学〟です。

なぜ、「秘密」か？

もしも、集まって勉強しているところを、警察に見つかれば、ただちに投獄されたからです。

監視の目をかいくぐって、場所を転々と変えながら、青年たちは、時に教師となり、時に学生となって、教え合い、学び合い、互いの知性を錬磨《れんま》していったのです。

独立のために幾たびも勇敢に蜂起《ほうき》し、過酷な弾圧を受けてきたポーランドの人々は、「暴力で社会を変えることはできない。教育によって、民衆に力をつけていく以外にない」という結論に深く達していました。

学ぼう！　苦しむ同胞のために！

力をつけよう！　未来のために！――青年たちの勉学の原動力は、この崇高《すうこう》な使命感でした。

汝自身《なんじ》の使命を深く自覚することは、人間としての根を深く張ることです。その人は才能の芽を急速に伸ばしていけるのです。

一人の運命を変革せよ

マリーは、書いています。

「ひとりひとりの個人の運命を改善することなくしては、よりよき社会の建設は不可能です。

ですから、各人が自分の運命をきりひらいていこうと努力しながら、しかも同時に全人類にたいして責任をわけもたねばならないのです。

なぜなら、自分がいちばん役に立ってあげられるひとびとをたすけることは、わたくしたちひとりひとりの義務だからです」(『キュリー自伝』木村彰一訳、『人生の名著』8所収、大和書房)

一人の人間の運命を変革せよ!

人類に対する責任を自覚せよ!

苦しんでいる人々に手を差し伸べよ!

これが、マリー・キュリーの信念でした。それは、創価の「人間革命」の理念とも響き合っております。

十七歳のマーニャは、自ら〝先生〟となり、工場で働く女性たちに勉強を教えました。彼女たちが本を読めるよう、小さな図書室もつくってあげたといいます。

日中は家庭教師として市内を駆け回る。工場で女性たちに授業をする。そして、移動大学の秘密講義を受けるという毎日でした。

マーニャにとって、最大の希望は、フランスのパリ大学へ行って勉強することでした。また、姉のブローニャも、同じ望みを持っていました。

パリ大学では、女性に対して門戸《もんこ》が開かれていたのです。

パリに行って勉強して力をつけた後、祖国ポーランドに舞い戻り、人々のために、人々とともに働きたい。これが、彼女たちの熱い願いでした。

花のパリへ――しかし父の給料と、姉妹のわずかな家庭教師の収入だけでは、いつまで経っても留学できる目処《めど》が立ちませんでした。

そこでマーニャは、姉のブローニャに、一つの提案をしました。

――まず、姉がパリへ行く。自分はポーランドに残り、住み込みの家庭教師をして仕送りをする。

そして姉が学業を終えて帰ってきたら、今度は自分がパリに行く――。

二人の姉妹は、父親にも相談し、この約束を実行に移しました。

当時、女性の家庭教師は、下に見られることもあった。マーニャは、傲慢《ごうまん》な、大嫌いな人のもとで働かなければならない時もあったようです。

彼女は若くして、現実社会の厳しさを嫌というほど味わいながら、その一つ一つを、生きた人間学の糧《かて》に変えていったのです。

マーニャは、友人への手紙に書いています。

「人間というものがどういうものか、少しわかるようになったのは収穫でした。小説の人物みたいな人が実際にもいるとわかったし、お金で堕落《だらく》した人たちとつき合ってはいけないということも、学びました」(エーヴ・キュリー『キュリー夫人伝』河野万里子訳、白水社)

つらい時、苦しい時、彼女は友人と語り合ったり、手紙のやりとりをしたりしては、励まし合っています。良き友情は、青春の最高の力であり、宝です。

親孝行が成長の証《あか》し

もっと収入を多くするため、マーニャは親元を離れ、ポーランドの地方に出て働く決心をします。

愛する父に別れを告げ、汽車で三時間、橇《そり》で四時間。生まれて初めて、家族と遠く離れての生活となりました。

この間、マーニャは、何度もワルシャワのお父さんに手紙を書き送っています。

彼女は、父思いの心の優しい娘でした。

老いた父は、自分に大きな収入がなく、しかも投機の失敗で財産を失い、子どもたちに十分な教育を受けさせてあげられないことを、ずっと気に病んでいました。

けれども、そんなお父さんに、マーニャは綴っています。

「わたくしは、おとうさまがわたくしにかけてくださったご厚恩にたいして、永遠に感謝の念を忘れないつもりでおります。

わたくしの唯一の悲しみは、わたくしたちの受けたご恩をお返しすることができないことです。人間の力でできるだけ、おとうさまを愛し敬うことしかわたくしたちにはできません」（前掲『キュリー夫人伝《新装版》』）

娘から、こんな手紙を受けとったお父さんは、どれほどうれしかったことでしょう。

この親孝行の振る舞いの中に、マリー・キュリーという女性の深き人間性と知性が凝結《ぎょうけつ》していることを、賢き皆さんは感じ取ってください。

仏典には、「親によき物を与えんと思って、せめてすることなくば、一日に二・三度え《笑》みて向かえとなり」（新一八五〇ページ・全一五二七ページ）と説かれています。

親孝行といっても、特別なことではない。

「一日に、二、三度の笑顔」でもいい。元気な声でもいい。親元を離れている人も、今は電話があります。もちろん、手紙も、葉書《はがき》もあります。

大切なのは「心」です。「真心」です。「智慧《ちえ》」です。

「親孝行」が、人間としての成長の証《あか》しなのです。

誇りも高く試練を越えよ

この地方で暮らした家庭教師の三年間は、マーニャにとって、辛抱《しんぼう》の時でありました。

勉強も続けましたが、まったくの独学です。

憂鬱《ゆううつ》もあった。焦りもあった。

絶望もあった。落胆もあった。

しかし、彼女は、ある手紙にこう書いています。

「とてもつらい日々がありました。でも、その思い出を和《やわ》らげてくれる唯一のものは、いろいろあったにもかかわらず、正直に誇り高く、それを乗り越えることができたということです」（前掲『マリー・キュリー』1）

青春時代は、悩みの連続です。どれも皆、自分が強く、賢く、大きくなっていくために必要な試練なのです。

それらを、マーニャのように、「誇り高く」乗り越えていってください。

マーニャは独学を続けるうち、科学の分野で社会に貢献しようと思うようになりました。

姉がパリに発《た》ってから五年。

医者としての道を歩み始めた姉から、パリに来るようにとの手紙が、ついに届きました。

マーニャは、父を残していくことを考えると、後ろ髪を引かれる思いでしたが、パリ行きを決意します。

そして、一八九一年十一月、父に見送られながら、ワルシャワの駅を出発したのです。

「ああ！　女子学生の青春は　早瀬《はやせ》のようにすぎていく
まわりの若者たちは　つねに新しい情熱で
安易な楽しみに　走るばかり！
孤独のなかで
彼女は生きる　手さぐりしながら　けれど幸せに満ちて

屋根裏の部屋で　思いは燃え
心ははてしなく　広がっていくから」（前掲『キュリー夫人伝』）

これは、マリー・キュリーが、母国語のポーランド語で書いた詩の一節です。

姉のブローニャは医師の免許を取り、パリでポーランド人男性と結婚していました。

パリで留学生活を開始したマリーは、当初、姉夫婦と一緒に暮らしましたが、勉学に専念できる環境を求めて、大学に近いカルチェ・ラタン（学生街）で一人暮らしを始めます。

一九八九年の六月、私は、創価大学と教育交流を結んだパリ第五大学を訪問し、オキエ学長らの温かき歓迎をいただきました。

多くの英才たちとも語り合いました。

カルチェ・ラタンの街並みを、青年とともに歩いたのも、思い出深いひとときとなりました。

ちなみに、今日《こんにち》の「パリ大学」とは、フランスのパリを中心に存在する十三の大学の総称です。

このうち、パリ第六大学は、現在、キュリー夫妻の名前を冠《かん》して、「ピエール・エ・マリー・キュリー大学」と呼ばれています。

「今までの百倍、千倍の勉強を！」

希望にあふれて、パリでの勉強を始めたマリーでしたが、思わぬ壁にぶつかりました。

フランス語には十分な自信があったのですが、実際に講義を受けてみると、聞き取れなかったり、ついていけなかったりすることが、たびたびあった。

わが留学生の皆さんの苦労にも通ずることでしょう。

さらに、自分なりに積み重ねてきた独学の知識が、同級生たちに比べて、あまりにも貧弱《ひんじゃく》であることがわかってきました。

しかし、そのようなことで、くよくよと落ち込んでいるマリーではありませんでした。

勉強が足りない？　では、もっと勉強すればいい！

まだ足りない？　では、もっともっと勉強すればいい！

今までの十倍、百倍、いや、千倍も！

一人暮らしを始めたマリーは、きっぱりと「千倍も猛勉強している」（前掲『マリー・キュリー』1）と書いています。


パリの学生生活で、初めマリーは、なかなか仲間と打ちとけられませんでしたが、やがて学問の情熱に意気投合し、多くの親しい友人ができていきます。

また、このころ出会ったマリーの友人には、その後、世界的な音楽家となり、ポーランドの首相になるような人物もいました。

留学生の方々は、それぞれの国の指導者となっていく、深き使命を帯びています。

マリーは、のちに大成してからも、各国からの留学生や研究者を、真心こめて大事にしました。それぞれの祖国への賛辞も、惜しみませんでした。

「あなたの美しいお国は、よく存じています。お国の方がたは、わたしをほんとうに歓迎してくださいました」（前掲『キュリー夫人伝』）等と。

私は、留学生の方々は、その国の宝の人材であるとともに、人類全体の「平和の宝」であり、未来への「希望の宝」と思っております。

屋根裏の日々がわが「英雄時代」

このころ、マリーが一人暮らしをしたのは、七階建ての建物の屋根裏部屋でした。

当時、マリーは、父からの少しの仕送りと、自分の貯金とを合わせて、わずかなお金でやりくりしなければなりませんでした。

冬は、暖房の石炭代を節約するためにも、ずっと大学や図書館で勉強。家に帰って、寒さに震えながら、さらに勉強。

「わたしは自分の勉強に専念した。わたしは時間を講義と実験と図書館での自習に分けた。夜は自室で勉強する。ほとんど徹夜のこともある」（前掲『マリー・キュリー』1）

何週間ものの間、バターをぬったパンしか食べられないこともありました。くだもの一つ、チョコレートひとかけらが、どれほど大切な滋養であったか。しかし彼女に、わびしい悲愴感《ひそうかん》はありませんでした。むしろ、澄《す》みきった明るさを抱《いだ》いていました。

自分の大いなる目標のために苦労することは、苦しみではない。むしろ、喜びである。誇りである。青春時代の苦労こそ、不滅の財宝なのです。

「この期間がわたくしに与えてくれた幸福は、筆にも口にもつくせぬほど大きなものでした」

「未知のことがらをまなぶたびによろこびが胸にあふれる思いでした」（前掲『キュリー自伝』）――マリーの後年の述懐《じゅっかい》です。

華やかな社交がなくとも、古今の大偉人たちとの心躍る知性の対話があった。

贅沢《ぜいたく》なご馳走《ちそう》がなくとも、人類の英知の遺産が豊かに心を満たしてくれた。

流行のファッションがなくとも、大宇宙の真理の最先端の発見が光っていた。

彼女は、どんな殿堂《でんどう》よりも荘厳《そうごん》なる「学問の王国」で、王女のごとく青春を乱舞していたのです。
マリー・キュリーにとって、貧しさと孤独の中で、全生命を燃焼させて勉学に励んでいった、この時期は、「生涯における英雄時代」であったと言われています。

「青春 二歳《ふたとせ》 誉《ほま》れあり」 白鳥《はくちょう》よ 幸福の大空へ

私も妻も大好きな歌に、短大の愛唱歌「白鳥《はくちょう》よ」があります。

〽白鳥よ
深き縁《えにし》の　白鳥よ
いづこより来《こ》し　碧《あお》き泉に
青春　二歳《ふたとせ》　誉《ほま》れあり
未来みつめて　いつの日か
ああ聡明の笑《え》み光る

白鳥よ
清き心の　白鳥よ
いづこより来し　緑の丘に
青春　二歳　誉れあり
平和語りて　いつの日か
ああ幸福《しあわせ》の華《はな》開く

白鳥よ
澄みし瞳の　白鳥よ
いづこより来し　理想《ロマン》の庭に
青春　二歳　誉れあり
心鍛えて　いつの日か
ああ大空へ舞い上る

この歌に高らかに歌い上げられているように、皆さん方にとっては、この短大での「青春二歳」が、かけがえのない「人生の誉れの英雄時代」なのであります。

二女のエーヴ・キュリーは、母親の学生時代について、「彼女がつねに仰望《ぎょうぼう》した人間の使命の最高峰にもっとも近い、もっとも完全な時代であった」（前掲『キュリー夫人伝《新装版》』）と述べています。

猛勉強の結果、マリーは、一八九三年に物理学の学士試験を一番で、翌年は数学の学士試験を二番で合格しました。

「激しいぜいたくと富への欲望の支配する我々の社会は学問の値打《ねうち》を理解しない」（ウージェニィ・コットン『キュリー家の人々』杉捷夫訳、岩波書店）

これは、マリーの慨嘆《がいたん》です。今は残念ながら、マリーの時代以上に、そうした風潮に満ちているかもしれません。

しかし、だからこそ、わが短大の真剣な向学と薫陶《くんとう》の校風が、清々《すがすが》しく光ります。

マリーは、勉学に明け暮れた屋根裏部屋を「いつまでも　変わらずたいせつな　心の部屋」と謳《うた》いました。

「そここそ　ひとりひそやかに挑み　その身を鍛えつづけた場
今もあざやかな　いくつもの思い出にいろどられた世界」（前掲『キュリー夫人伝』）
と振り返っているのです。
悩みに直面した時に、立ち返ることのできる原点を持った人生は、行き詰まらない。
この短大のキャンパスは、皆さん方の永遠の前進と勝利の原点の天地です。

学問に王道なし

短大の「文学の庭」には、マリー・キュリー像に向かい合うようにして、ハナミズキの木が植えられています。

桜花の季節が終わると、そのバトンを託されたように、ハナミズキが一斉に開花して、行き交う新入生たちの心を明るく照らします。

これは、キュリー像が除幕された一カ月後、あのアメリカの人権の母、ローザ・パークスさんが来学され、記念植樹してくださった木です。

一九九二年、創価大学ロサンゼルス分校（当時）を訪問したパークスさんを、語学研修中だった短大生が歓迎しました。パークスさんは、この出会いを、生涯の宝とされておりました。

「彼女たちとの出会いは、私の一生における新しい時代の始まりを象徴するように思えてなりません」とまで語っておられました。

その二年後、誕生したばかりのキュリー像が見守る中、パークスさんが八王子の創価女子短大と創価大学を訪れました。

キャンパスを案内した時、「万葉の家」のそばで、私の言葉が刻まれた石碑を、じっと見つめておられた姿が印象的だったそうです。

この言葉を、今ふたたび、皆さんに贈ります。

「学問に王道なし　故に学びゆく者のみが　人間としての　王者の道を征《ゆ》くなり」

理想を目指して打ち込む生命こそ最も美しい

心強ければ、苦労は宝に

私が家族ぐるみで親しく交流させていただいた方に、「現代化学の父」ライナス・ポーリング博士がおられます。博士はマリー・キュリーに続き、二つのノーベル賞を受賞した知の巨人です。

一九九〇年、創価大学のロサンゼルス分校（当時）で、研修中だった短大生と一緒にポーリング博士を歓迎しました。

「笑顔で迎えてくださり、うれしい。こちらまで笑顔になります」と、博士は喜色《きしょく》満面《まんめん》であられた。

ポーリング博士は若き日、夫妻でヨーロッパに行き、マリー・キュリーのもとを訪問することを考えていたようですが、実現はしませんでした。

ポーリング博士も、マリーと同じく、幼き日に親を亡くしています。（＝九歳で父が急死）

病弱なお母さんや、妹たちを抱え、経済的にも苦しい――若き博士は、道路舗装《ほそう》の検査員など、さまざまな仕事をして家族を支えながら、忍耐強く努力を貫き通し、自分自身を鍛え上げた。そして、苦学に苦学を重ねて、世界的な業績を残していかれたのです。

心強き人にとって、苦労は、ただの苦労で終わらない。苦労は「宝」である。

学生時代の労苦を振り返って、博士は「どうしても一生懸命に長時間、働く必要があったので、懸命に長時間働く習慣が身についたことはプラスだと思います」と、さわやかに語っておられました。

ポーリング博士が受けた二つのノーベル賞は、「化学賞」と「平和賞」です。博士の核廃絶と平和への貢献は、最愛の妻エバ・ヘレンと一体不二の戦いでした。

「私が平和運動を続けてきたのは――『妻から変わらぬ尊敬を受けたい』と思ったからでした」

そう率直に語っておられた博士の声が蘇《よみがえ》ります。

崇高な理想に結ばれた夫婦――ポーリング夫妻も、そしてキュリー夫妻も、まさしくそうでした。

正義の人を正しく評価

マリーがピエール・キュリーと初めて出会ったのは、一八九四年の春のことです。マリーは二十六歳、ピエールは三十五歳でした。

この時すでにピエールは、物理学の世界で、いくつかの重要な業績をあげていました。しかし、いわゆる有名校を出ていなかったため、国内ではあまり評価されていなかった。

ピエールは生涯を通じて、名声を得ようとか、自分を売り込もうとか、少しも考えなかった人です。〝評価されるのは誰であれ、人類のために科学が発展しさえすればいい〟という高潔《こうけつ》な信念の持ち主でした。

しかし、心ある人は、ピエールの力と功績を知っていました。英国の大物理学者ケルビン卿《きょう》など、具眼《ぐがん》の士から、特に国外で高く賞讃されていたようです。

ケルビン卿は、あのグラスゴー大学の教授でありました。

グラスゴー大学は、名もなき職人ワットを擁護《ようご》し、ワットは「蒸気機関」を開発。産業革命の新時代を開く原動力となりました。

グラスゴー大学には、いかなる偏見や風評にも左右されず、正義の人を正しく評価せずにはおかないという信念の気風が脈打っています。

マリー・キュリーは、このグラスゴー大学をはじめとする世界の大学・学術機関から、二十一の名誉博士号・名誉教授称号を受けています。（＝創立者には一九九四年六月、グラスゴー大学から名誉博士号が贈られている）

ピエールは、自然を深く愛する人物でした。文化の国・フランスへの感謝を込めて私が創立したヴィクトル・ユゴー文学記念館はビエーブルにありますが、ビエーブル川周辺の森も、よく散策していたようです。

ピエールもマリーも、過去に恋愛で苦い経験をしており、二人とも、そうしたことには重きを置いていませんでした。学問こそが、二人の恋人でした。しかし、出会った時から、お互いの中にある、崇高な、その魂に気づいたのです。

二人は、科学に関する語らいや、手紙のやりとりなどを通じて、お互いへの尊敬の念を深めていきました。

しかし、生まれた国が違うなど、いくつかの障害もありました。特にマリーには、祖国ポーランドに帰って、同胞のために尽くしたいという願いがありました。

結婚に際しては、ピエールのほうが強い熱意を持っていたようです。

二女のエーヴは、母の美しさについて、「ほとんどなにもないような小部屋で、着《き》古《ふる》した服に身をつつみ、情熱に輝く意志の強い面差《おもざ》しのマリーほど、美しく見えたものはなかった」（前掲『キュリー夫人伝』）と綴っております。それは「内面の精神性」の輝きであり、自らの力で勝ち取った深き人格の美しさでもありました。

人間の本当の美しさ、それは「生命」それ自体の光彩でありましょう。大いなる理想を目指して真剣に打ち込む生命こそ、この世で最も美しい光を放つのです。

理想主義から精神的な力が

牧口先生は、「遠大な理想をいだき、目的観を明確にしながら、身近な足もとから実践するのが正視眼的生活である」と訴えておられます。マリーは、この「正視眼」を持った女性でした。

のちに長女のイレーヌは、母マリーの結婚観は「生活のよき伴侶《はんりょ》となれる夫が見つかったときにだけ、結婚すべきであるという考えでした」（『わが母マリー・キュリーの思い出』内山敏訳、筑摩書房）と書いています。

さらにまた、マリーは、二女のエーヴに、このように書き送りました。

「わたしたちは理想主義のなかで、精神的な力を求めていくべきだと思います。理想主義によって、わたしたちは思いあがることなく、自分のあこがれや夢の高みに達することもできるのです。

人生の関心のすべてを、恋愛のような激しい感情にゆだねるのは、期待はずれに終わると、わたしは思っています」（前掲『キュリー夫人伝』）

真摯に人生を生き抜く中で深めてきた恋愛観であり、結婚観であるといってよいでしょう。

この点、私の恩師の基準は明快でした。

「恋愛をしたことによって両方がよくなれば、それはいい恋愛だ」「両方が駄目になってゆくようであれば、それは悪い恋愛だ」と。

信念を深く共有した結婚

マリーは自ら書いたピエールの伝記の中で、科学の発展に生涯を捧げた大学者パスツールの次の言葉を引いています。

「科学と平和とが無知と戦争とにうち勝つであろう」（『ピエル・キュリー伝』渡辺慧訳、白水社）

この言葉は、二人の共通の信条とも言えるものでした。

信念を深く共有できたからこそ、ピエールとマリーは結婚を決めたのでありましょう。

結婚のため、マリーはずっとフランスで暮らすことになりましたが、ポーランドの実家の家族は、皆、心から祝福してくれました。

結婚という、人生の大きな決断をする際には、お父さんやお母さん、そして、よき先輩や友人と、よく相談して、皆から祝福される、賢明な新出発を心がけることが大切です。

ピエールとマリーの結婚は、一八九五年の七月二十六日でした。

結婚式は、親しい家族や友人だけで祝う清々しい集いでした。

豪華な衣装も、ご馳走も、結婚指輪もありませんでした。

二人とも、財産と言えるようなものは何も持っていなかった。しかし、そこには誠実な心が光り、聡明な知恵が冴《さ》えわたっていました。

〝新婚旅行〟は、自転車に乗って、フランスの田園地帯を駆け回ることでした。

そして、多くはない収入でやりくりするための家計簿を買ったのです。

私と妻の結婚に際しても、恩師からアドバイスをいただいたことの一つは、「家計簿をつけること」でした。現実の生活を、一歩一歩、賢明に、堅実に固めていった人が、勝利者です。

マリーとピエールの二人の新生活は、めぼしい家具など何一つない、質素なアパートで始まりました。

「わたくしたちは、そこで生活し、そして仕事をすることのできる小さな一隅《いちぐう》以上のものは望んでいませんでした」（前掲『キュリー自伝』）と、マリーは綴っています。

科学の世界の新しい扉を開く

結婚から二年が経ち、マリーは長女イレーヌを出産して母となりました。博士号を取得する研究の取り組みも始まりました。

当時、フランスの物理学者アンリ・ベックレルは、「ウラン化合物が不思議な放射線を発すること」を報告していました。

この現象の正体は何か？　なぜ、このような現象が起きるのか？

まだ、ほとんど誰も手をつけていなかったこの現象の究明が、マリー・キュリーの挑戦となりました。

さまざまな実験を重ねた末に、キュリー夫妻は放射線を発する性質を「放射能」と名づけました。

さらに、調べている物質の中に、まだ人類に知られていない元素があることを突き止めていったのです。

この解明によって、マリーは、物理学における「新しい世界」の扉を大きく開く一人となりました。

すなわち、マリーをはじめ、優れた科学者たちの心血を注いだ研究の積み重ねによって、それまで物質の最も小さい単位と考えられていた「原子」は、さらに小さい「素粒子」で構成されており、そこには限りない可能性が広がっていることが明らかになっていったのです。

故郷を忘れない

ピエールとマリーは、初めて発見した元素を「ポロニウム」と名づけました。

マリーの祖国ポーランドへの、万感の思いを込めた命名です。

彼女は、その研究論文を、かつてお世話になったポーランドの恩人に送りました。

今なお圧制のもとで苦しんでいる故郷の人々の存在は、彼女の胸から片時も離れることはなかったのです。

現在、うれしいことにこのポーランドでも、またフランスでも、さらにヨーロッパ各地をはじめ世界中で、短大白鳥会《はくちょうかい》（創価女子短大卒業生）のメンバーが生き生きと活躍されています。


さらにマリーは、第二の未知の元素を発見しました。

二人はその元素を「ラジウム」と名づけました。ラジウムとは「放射」を意味するラテン語に由来します。

これらは、若き妻として家庭を支え、母として幼子を育みながら積み重ねていった業績です。

いわゆる「ヤング・ミセス」と呼ばれる年代に、マリーは、現実と悪戦苦闘しながら、その持てる生命の智慧と力を、遺憾《いかん》なく発揮していったのであります。

皆さんの多くの先輩方も、全国各地で、「ヤング・ミセス」のリーダーとして潑溂《はつらつ》と前進されています。

短大出身者の弾けるような生命の息吹と、同窓の麗しき励まし合いの絆は、新時代の希望と光っており、私と妻は、いつも喜んでいます。

不遇な環境で自分との戦い

マリーにとって、果てしなく困難な作業が待っていました。

ラジウムの存在を完全に証明するために、〝実際に手に取れる形〟で取り出すことに挑み始めたのです。

理論だけでは、まだ不十分だ。目に見える形で、決定的な証拠で万人を納得させる必要がある——これがマリーの固い決意でした。

理論や説明で納得してくれる人もいるかもしれない。しかし、そうでない人もいます。そうした人に対しては、反論の余地のない、明確な実証を示していく。目に見える結果があってこそ、その正しさを完全に立証できるのです。

ピエールとマリーは、懸命に働きました。当時のノートには、マリーの筆跡と、ピエールの筆跡が、交互に記されています。まさしく、夫婦一体の協同作業でした。

ラジウムを取り出すためには、本来、大きな実験室が必要でした。しかし、キュリー夫妻に、満足な設備はありません。パリ大学にある多くの建物の一つを貸してもらおうと奔走しましたが、結局、認められませんでした。

やむなく二人は、物理化学学校の医学生の解剖《かいぼう》室だったという、物置小屋のような建物を借りることにしたのです。部屋には何の装置もなく、使い古したテーブルと、あまり役に立たないストーブ、そして黒板があるだけでした。

雨が降れば雨漏りした。冬は身を切るような寒さに悩まされた。夏は焼けるような暑さ。化学処理で生じた有毒ガスを排気する換気装置もありませんでした。

「馬小屋ともジャガイモ貯蔵庫ともつかないもの」と形容される倉庫です。

ラジウムが含まれていると思われる鉱物の調達にも苦労しました。さまざまに手を尽くして、やっとのことで、オーストリアの政府が、工業で使った残りかす一トンを無償で提供してくれることになりました。

科学の歴史を劇的に変えた大発見も、その過程は、あまりにも地道な、単調な作業の繰り返しでした。

大量の鉱物を大きな容器に入れて、ぐつぐつと煮《に》る。化学処理を行う。それを何度も何度も、繰り返すのです。重い容器を運んだり、何時間も大きな鉄の棒でかき混ぜ続けたり、大変な肉体労働の連続です。一日の終わりには疲労のあまり倒れそうになりました。

マリーは、こう書いています。

「実験室における偉大な科学者の生活というものは、多くの人が想像しているような、なまやさしい牧歌《ぼっか》的なものではありません。それは物にたいする、周囲にたいする、とくに自己にたいするねばりづよいたたかいであります」（前掲『ピエル・キュリー伝』）

〝闘い続ける人〟の叫びです。さらにまた、マリーは語っております。

「みのりの多い多忙の日々の間に、なにをやってもうまくいかない不安な日々がはいりこんできます。そういう日には研究対象そのものが敵対心をいだいているかとさえ思われてきます。こういうときこそ、じぶんの気の弱さや落胆とたたかわなければならないのです」（同前）

この言葉は、科学研究だけでなく、人生の万般《ばんぱん》に通ずる大切な哲学と言ってもよいでしょう。

私はあきらめない！　ラジウム発見の苦悩

「なにをやってもうまくいかない」――ラジウムの抽出《ちゅうしゅつ》に挑戦する作業は、時として絶望的に思えました。そもそも、こうした作業は化学者の領域であり、ピエールやマリーのような物理学者が得意とすることではなかったのです。

強い信念を持ったピエールですら、果てしない戦いに疲れ果てて、あきらめかけました。

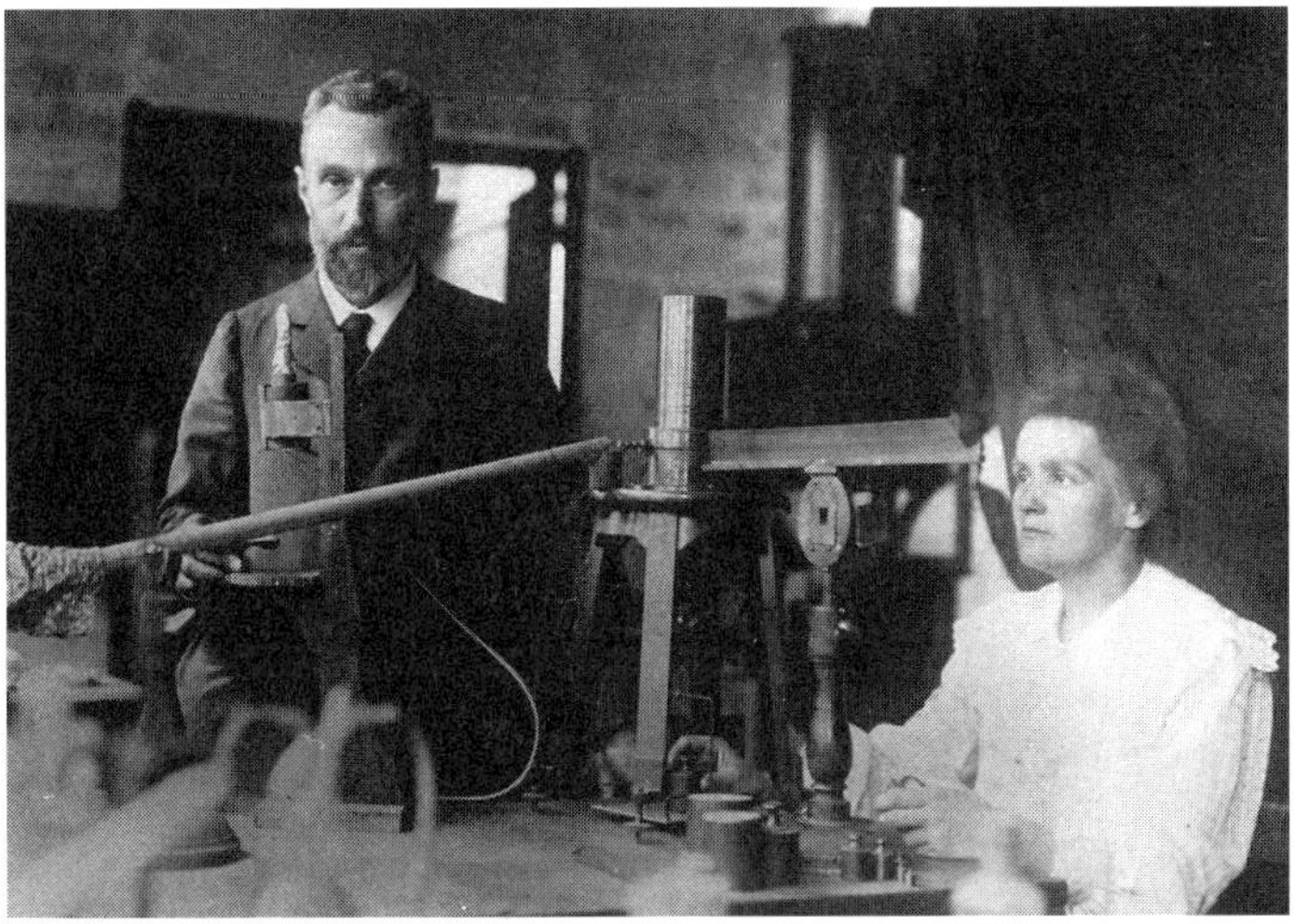

マリーと夫のピエール（左）。質素な実験室で二人の苦闘は続いた
（写真提供：ユニフォトプレス）

この障害を乗り越えるのは難しい。もっと、将来、条件がよくなってから再挑戦したほうがいいのでは？

ぼろぼろになって研究を続ける妻のことを気遣い、ピエールは、ひとたびの「休戦」を勧告しました。

しかし、マリーはあきらめませんでした。彼女は、「あきらめる」ということを知らなかったのです。

「ラジウムは必ずある！　どんな苦労を払ってでも、必ず取り出してみせる！」

いざという時、志の定まった女性というのは本当に強い。

マリーは、「どんなに不適当な場所にいても、やり方しだいで、いくらでもりっぱな仕事ができるものだ」（前掲『キュリー自伝』）と自伝に綴っています。

今、短大に学ぶ皆さんは、自分を鍛える「青春という闘い」の真っ只中にいます。

また、卒業した皆さんの中には、描いていた理想と違う、不本意な環境で働いたり、厳しい現実の中で生きている人がいるかもしれない。

大事なことは、強い自分になることです。「自分しだい」で、新たな道を開くこともできる。必ず立派に成長できる。

「大変だった。でも、私は勝った！」と、笑顔で後輩に語れる、強い朗らかな皆さん方になってほしいと、私は願っています。

わが母校
　見つめて勝ちゆけ
　　わが友と

忍耐と自信を持て　道は必ず開ける

価値ある仕事は地道な積み重ね

青春乃《の》
　英智の朝日は
　　昇りける
嵐の時にも
　　笑顔たたえて

嵐のような環境にあっても、笑顔を忘れない。その人は、人間としての勝利者です。わが家のことで恐縮ですが、私の妻は、いかなる試練の時も、笑顔をたやさず、ともに進んでくれました。私は妻への感謝を込めて「微笑《ほほえ》み賞」を贈りたいと話したことがあります。

どうか、皆さんも、どんな時も朗らかな笑顔を輝かせていける、強き女性になってください。

ラジウムを取り出そうとする、キュリー夫妻の労作業は続きました。じつに四年間、二人は実験室での苦しい闘いに没頭したのです。

そして、ついに一九〇二年、二人はラジウム塩の抽出に成功します。世界初の快挙でした。

取り出した量は、わずか「〇・一グラム」です。数トンの鉱物から、たったの〇・一グラム――。

マリーはのちに回想しています。

この苦労に満ちた日々こそが、「もっともすばらしい、もっとも幸福な時代」「ふたりがともにすごした生涯の英雄時代」（前掲『キュリー自伝』）だったと。

恵まれた環境だからといって、偉業が達成できるわけではない。また、一見、華々しく見える活躍が、必ずしも大きな価値を持っているわけでもない。

本当に価値のある仕事、歴史に残る事業というものは、目立たない、地道な積み重ねである場合が多いのです。

仕事は戦いです。また、自分自身の一念しだいで、仕事を通して、自分を磨き、強めていくこともできる。

戸田先生の会社で働いていた時、先生は私たちに、こう語られたことがあります。

「仕事に出かけるときは『行ってまいります』というけれども、仕事は戦いなんだから『戦いに行ってまいります』というべきだ」と。

厳しき現実社会で戦う人間が、根本に持つべき心構えを教えてくださった。

社会は、思うようにいかない苦闘の連続です。希望通りの進路にならなかった場合もある。しかし、そうしたことで大切な自分を見失ってはならない。

若き日にマリーは、兄に宛てて次のような手紙を書いています。

「人生は、私たちの生涯にとっても生やさしいものではないようね。でも、それが何だというのでしょう。

私たちは自身に忍耐力を、中でも自信を持たねばなりません。

私たちが何かについて才能に恵まれていることと、どんな犠牲を払ってもそれが実現されねばならないことを私たちは信じるべきです。

多分、ほとんど予想もしない瞬間にすべてがうまくいくことになるのでしょう」

（桜井邦朋『マリー・キュリー』地人書館）

私はこのマリー・キュリーの言葉を、健気《けなげ》な短大生の皆さんに贈りたい。特に、これから社会に旅立つ、卒業生の皆さんに贈りたいのです。

何があっても、忍耐と自信を持って、強く前進し続けることだ。「進む」中で、「動く」中で、自分にしかない才能が見つかり、自分にしか果たすことのできない使命の道を開くことができるのです。

将来を信じよ！　楽観主義でいけ

フランスの故・ポエール上院議長は、私が二十年以上にわたって、お嬢さんやお孫さんも含めて、家族ぐるみで深く親交を結んだ方です。

第二次世界大戦で、命がけでレジスタンス運動を戦い抜いた正義の闘士です。

その議長が政治家を目指したきっかけは、戦火の中だったという。

議長は、防空壕を掘って、自分は死んでもいいから一人でも多くの人を救いたいと救助に当たっていた。

その時、「自分には人々を安心させる力がある」と気づき、政治家への道が始まったと回想しておられました。

ポエール議長は青年に対し、こう語られています。

「将来を信ずることです。勇気と希望を失わないことです。未来へ参加していくことです。青年なくして未来はありえない」

「絶対に悲観主義ではいけない。楽観主義でいくべきです。物事は、いろいろと変化していくものですから」

「また何かやろうとするときは、自分自身を信じることです」

幸福は、どこにあるのか。

それはわが生命の充実感の中にある。そしてこの充実感は、労苦を勝ち越える挑戦から得られる。

人知れぬ地道な、信念に徹する闘争の中に、何ものにも侵されない、人生の喜びと悔《く》いなき満足が生まれるのです。

「ラジウムは万人のもの」

一九〇三年、ピエールとマリーの二人は、放射線研究の先駆者であるアンリ・ベックレルとともにノーベル物理学賞を受賞します。

ラジウムは、にわかに世界の注目を集めました。がんの治療などに効果があることが明らかになってきたからです。

今日《こんにち》、がんに対して用いられる放射線治療は、「キュリー夫妻のラジウム発見に始まる」と言われています。

世界のさまざまな国が、ラジウムを求め始めました。しかし、ラジウムを抽出する技術を知っているのは、キュリー夫妻だけです。

この技術の特許を取れば、莫大な財産を築くことができる。子どもたちの将来の生活も保障してあげられる。何よりも、立派な実験室を持って、思う存分、研究に精を出せる――。

ある時ピエールが、この考えについて、マリーに尋ねました。マリーは、こう答えた。

「それはいけません。それでは、科学的精神に反することになるでしょう」

「ラジウムは病人を治療するのに役だつでしょう……。けれど、それから利益を引き出すなんてことは、わたしできないと思います」（前掲『キュリー夫人伝《新装版》』）

ピエールも、マリーの意見に同意しました。

のちにマリーは、特許を取れば大金持ちになれたのにと話す人に対し、毅然と答えています。

「誰もラジウムでお金持ちになってはいけません。あれは元素です。ですから万人のものです」（オルギェルト・ヴォウチェク『キュリー夫人』小原いせ子訳、恒文社）

二人は、健康を害し、寿命を縮め、筆舌に尽くせぬ苦闘を通して得た技術を、世界に、人類に、未来に捧げました。

その生き方は、仏法で説く「菩薩道《ぼさつどう》」の人生と深く一致しています。

人生の春、そして突然の別れ

ラジウムの発見、ノーベル賞受賞といった偉大な功績が認められ、一九〇四年、ピエールはパリ大学の教授に就任します。

マリーも、夫の研究室の主任となりました。さらに翌年、ピエールはフランス学士院科学アカデミーの会員に選ばれました。

（＝創立者は一九八九年六月、フランス学士院で「東西における芸術と精神性」と題して講演を行い、「この講演は偉大なる一編の詩であり、生命の真髄への探究に捧げられた芸術です」〈同学士院芸術アカデミーのランドフスキー終身事務総長〉等の大きな反響が寄せられた）

ピエールがパリ大学の教授となった年には、二女のエーヴが生まれています。キュリー夫妻は、人生の幸福と、研究の充実の真っ只中にありました。

一九〇六年の四月。ピエールとマリーは、二人の娘と一緒に、田園風景を楽しみました。

久しぶりの休日。自転車に乗ったり、牧場に寝ころんだり、美しい森を散歩したりして、家族で和やかな一日を過ごしたのです。

ピエールは、元気に跳びはねる、かわいい娘たちを、そして最愛のマリーを、幸せそうに見つめていました。

二人の人生が、本格的な開花の季節を迎えようとしている。そう思えてならない、春の美しい日々でした。

その数日後、四月十九日――。

突然の悲劇がキュリー家を襲いました。

ピエールがパリの街で、馬車にひかれてしまったのです。ピエールは亡くなりました。一カ月後に、四十七歳の誕生日を迎えるところでした。

「ピエールが死んだ?……死んだ?……ほんとうに死んだの?」(前掲『キュリー夫人伝』)

マリーは、「ピエールが死んだ」という言葉の意味がわかりませんでした。しばらくは、悲しみを感じることすらできませんでした。心を失ったロボットのようになってしまいました。

誓いを果たす人生を

しかしマリーは、それでも生き抜かなければならなかった。この時三十八歳。八歳のイレーヌと、一歳半にも満たないエーヴの、二人の娘が残されました。

絶望に沈むマリーの脳裏に、ある日の光景が蘇りました。

その日、肉体的にも、精神的にも苦しい実験作業を続けていた中で、ふとピエールが、「それにしても、きついな、われわれが選んだ人生は」と漏らしました（同前）。

最悪の事態があるかもしれない。もしどちらかが死んだら、残った一人は生きていけない。そうでしょ？――と、マリーは聞いた。

ところがピエールは、厳としてこう言ったのです。

「それはちがう。なにがあろうと、たとえ魂のぬけがらのようになろうと、研究は、つづけなくてはならない」（同前）と。

何があろうと、たとえ一人になったとしても、生きて生きて生き抜いて、二人の使命を完遂する――これが二人の誓いでした。

悲哀の底にいるマリーを、この「誓い」が支えてくれたのです。

彼女の生涯には、多くの苦難が襲いかかりました。

しかしそれらが束になってかかってきても、彼女の「誓い」を破壊することはできなかった。

「誓い」を捨てることは、「自分」を捨てることであり、〝戦友〟である夫を裏切ることでした。それは魂の死を意味する。

ヴィクトル・ユゴーは綴りました。

「死ぬのはなんでもない。生きていないことが恐ろしいのだ」（『レ・ミゼラブル』3、辻昶訳、潮出版社）

残酷なまでの試練を経《へ》て、マリーの誓いは清められ、鍛えられ、高められていきました。

誓いを果たすことが彼女の人生になった。彼女の生命は、まさに「使命」そのものと化した。

苦しみに鍛えられることによって彼女は、永遠に朽《く》ちない「真金《しんきん》」の人となったのです。師であり同志であったピエールと「不二」になったとも言えるでしょう。

また、計り知れない苦難に遭《あ》いながらも、人々のために生き抜かんとする人生は、自らを燃焼させて万物を照らしゆく太陽のごとく、宇宙の本源的な慈悲の法則に合致しゆくと言ってもよい。

「再生」の第一声

やがて、パリ大学は、亡きピエールが受け持っていた講座をマリーに引き継いでもらう決定をしました。これは重大な出来事でした。歴史上初めて、学問の最高峰・パリ大学で、女性が講義を受け持つのです。

一九〇六年十一月五日、マリーは教壇に立ちました。

パリ大学で女性が初めて講義をする！　いったい何を話すのか？　しかもそれは、あのマリー・キュリーだ！

多くの群衆、記者、カメラマン、有名人が教室に集まりました。

固唾《かたず》をのんで見守る人々。まっすぐに前を見つめるマリー――。

彼女は、何の前置きもなく、静かに話し始めました。

「この十年のあいだに成しとげられた物理学の進歩について、考えてみますと、電気と物質に関する概念の変化には、驚かされます……」（前掲『キュリー夫人伝』）

それは、夫ピエールが〝最後の講義〟を結んだ言葉でした。マリーは、まさしくピエールが講義を終えたところから、講義を始めたのです。

最愛の夫であり、学問探究の不二の同志であった夫の魂を継いで、勇敢に生きゆく「再生」の第一声を、凜然《りんぜん》と発したのです。

マリー・キュリーの教え子の一人は、当時の彼女の姿を、次のように描いています。

「万人に近寄りがたくなり、自らに課した超人的な任務に向かってひたすら緊張している、この時ほど彼女が偉大であったことはない」（前掲『キュリー家の人々』）と。

私たち夫婦が、忘れ得ぬ出会いを結んだ方々の中にも、伴侶に先立たれた女性がいました。

インドのソニア・ガンジー氏。フィリピンのコラソン・アキノ元大統領。法華経研究のヴォロビヨヴァ＝デシャトフスカヤ博士。香港《ホンコン》の方召麐《ほうしょうりん》画伯。中国の周恩来《しゅうおんらい》総理の妻である、鄧穎超《とうえいちょう》氏もそうでした。

鄧氏は、一人の女性を次のように励ましています。

「私は、女性が泣くのが一番、きらいです。泣いてどうなるの？　泣いて、自分の運命が変えられますか。女性は自立しなければなりません。向上し、強くなり、戦わなければなりません。泣き虫はバカにされるだけです。

私は、恩来同志が死んで、この上なく悲しく、三回だけ泣きました。しかし、泣いても、彼は生き返りません。私は、悲しみを強くはねのけて、更に強く生きていかねばなりません」

そして、夫の周総理の精神を受け継ぎ、それまで以上に、大中国の発展のために、力を尽くして戦っていかれたのです。

鄧氏が、逝去の二週間前に残した言葉は、「生き抜き、学び抜き、革命をやり遂げる。命ある限り、私は戦いをやめない」でした。

私は折に触れて、「この人ありて、周総理の勝利はあったのだ！」と、偉大な氏の勝利の一生を、最大に讃《たた》えてまいりました。

伴侶を亡くしても、その悲しみに負けず、勇気を持って生き抜く女性は、「生命の女王」の境涯を悠然と開く人です。

そして「幸福の博士」として、後に続く人々の希望となり、模範となって光り輝いていくのです。

「必ず晴れる日は来る！」

マリーの偉大さ、それは、最大の悲劇があったにもかかわらず、その苦悩の中で、大いなる使命を果たし抜いていったところにあると言ってよいでしょう。

彼女は、それまで夫と二人で分かち合っていた重荷を、一人で担って歩んでいく決意をしました。家族を自分の収入で養い、子どもを育て上げるとともに、夫と切り開いた学問分野を発展させ、さらに、後輩たちを誠心誠意、育成していったのです。

ピエールの死から八年後、第一次世界大戦の戦火が迫る中、マリーは娘のイレーヌにこう書き送っています。

「わたしたちには大きな勇気が必要です。そして、その勇気をもつことができるようにと望んでいます。

悪い天気のあとにはかならず晴れた日がくるという確信を堅くもっていなければなりません。愛する娘たち、わたしはその希望をいだいてあなたがたを強く抱き締めます」（前掲『キュリー夫人伝《新装版》』）

この言葉こそ、波乱の人生を生きたマリーの一つの結論でした。

「生きる」とは「闘う」ことです。

そのために必要なのは「勇気」です。

5月の青空の下、瑞々しい緑に包まれて立つ、短大のマリー・キュリー像。〝青春二歳〟の挑戦と成長を、静かに見守る（創立者撮影。1996年5月）　©Seikyo Shimbun

勇気は逆境を切り開く宝剣です。限界の壁を打ち砕く金剛の槌《つち》です。絶望の暗黒を照らす不滅の光です。

私も妻も「勇気」の二字で、ありとあらゆる中傷・迫害と戦いました。そして「勇気」の二字で、あらゆる苦難に勝ちました。

私たち夫婦は、わが最愛の娘である皆さん方に、この「勇気の冠《かんむり》」を譲《ゆず》り託したいのです。

勇敢な
　魂いだける
　　白鳥会
　悲しみ乗りこえ
　　常に朝日が

知性と福徳ゆたかな女性に

女性で初めて「偉人廟《びょう》」に

一九九五年の四月二十日、フランス・パリのパンテオン（偉人廟）は、いつにもまして、厳粛な空気に包まれていました。

キュリー夫妻の棺《ひつぎ》を、それまで埋葬されていたパリ郊外のソーの地より、パンテオンへ移す式典が執《と》り行われたのです。

多くの列席者を前に、フランスのミッテラン大統領が、厳《おごそ》かに語り始めました。

「ピエール・キュリーとマリー・キュリーの遺骸《いがい》を、わが国共通の記憶を祭る神殿に再葬することによって、フランスはただ単に感謝を表するだけでなく、科学と研究への信頼を表明し、かつてのピエールとマリー・キュリーのように、科学に人生を捧げる人々、および、その力と人生に尊敬の念を表明するものであります」

壇上には、来賓として、マリーの祖国ポーランドのワレサ大統領が座っています。

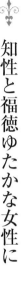

ピエールとマリーの子孫たちも列席しています。

かつて私は、ミッテラン大統領とも、そしてワレサ大統領とも会談いたしました。ミッテラン大統領とは、八九年六月、パリのエリゼ宮（フランス大統領府）で親しく語り合いました。

夫妻が眠ることになったパンテオンは、不思議にも、マリーが創設したラジウム研究所と、二人が努力の末にラジウム抽出に成功した粗末な建物があった場所との間にあります。

ミッテラン大統領は、言葉を続けました。

「本日の式典は、その独自の功績により歴史上最初の女性がパンテオンに入るという点で、とくに輝きわたるものであります」

そうです。マリーは、パンテオンに列せられた初めての女性なのです。

キュリー夫妻は今、ユゴー、デュマ、ヴォルテール、ルソー、ゾラ、そして私が対談集を発刊したアンドレ・マルローといった、歴史的偉人たちとともに眠っています。

二〇〇三年、ＥＵ（欧州連合）は、すぐれた科学者を顕彰する「マリー・キュリー賞」を創設しました。

マリー・キュリーは、フランス、ポーランドのみならず、ヨーロッパが最大に誇る人物として、揺るぎない存在となっているのです。

強く生き抜き、数々の業績を残したマリーの人生を思う時、彼女のことを、剛毅《ごうき》な性格と冷徹な頭脳の持ち主のように想像する人もいるかもしれません。

しかし、実際の彼女は、人一倍、繊細な感受性を持ち、他者の苦しみを思いやる、優しい心の女性でした。

ただ彼女は、不正と妥協《だきょう》すること、横暴な権威に屈することが、どうしてもできない――そういう女性だったのです。

「短大生の姿に活躍を確信」

一昨年（二〇〇六年）の六月、アメリカの著名な詩人で、アメリカ・エマソン協会会長のワイダー博士が、創価女子短大を訪問され、講演でこう語られました。

「女性は簡単に恐怖に負けたりはしません。女性は、心身でも精神でも強いものです。また何かを恐れているような贅沢な時間はありません。人々に安らぎを与えるために時間を使わねばならないからです。

こうした強い女性たちのことを思うならば、恐怖に負けて降参する時間などないことがわかります。

多くの女性たちは、平和と正義の声を大にして、世界へ訴えかけています」

まさにマリー・キュリーは、自ら信ずる正義のために、断固として生き抜いた女性でした。

このワイダー博士をはじめ、わが創価女子短大に来学された多くの世界の識者が、短大生の姿に触れて、感動の声を寄せてくださっております。

昨年（二〇〇七年）九月に短大を訪問した、国立南東フィリピン大学のオルティス前学長は「短大生の溌剌とした姿を拝見して、日本の未来における女性の活躍も目覚ましいものになることを強く確信しました」と語られました。

また、ワイダー博士は、「知性と福徳ゆたかな女性」「自己の信条をもち人間共和をめざす女性」「社会性と国際性に富む女性」と掲げた、短大の「建学の指針」を「世界が求める真実のリーダーシップの姿」と賞讃し、「ともに自分たちの強さを確信しながら、『完全に平和な道』を進んでいきましょう」と短大生に語られました。

世界の多くの識者が、短大の建学の指針に「女性の世紀」の指標を見いだし、この指針を体現した皆さん方に希望を託しているのです。

道を開いた女性

「あることが正しければ、それを行わなければならない。たとえ、それをすることを妨げる無数の理由があろうとも」（前掲『キュリー家の人々』）――これがマリーの信条でした。

彼女が生きた時代は、女性が自らの信念にしたがって生きていくには、あまりにも多くの障害がある時代でした。

少女のころは、とても内気で、人見知りだったマリー。しかし、このマリーが、後に続く女性たちのために、大きく道をつくり、開いていったのです。

マリーがパリ大学に入学したころ、九千人の男子学生に対し、女子学生は二百十人しかいなかったとも言われています。

姉のブローニャがパリ大学の医学部を卒業した時、数千人の卒業生の中で、女性はたったの三人でした。

しかもフランス人の女子学生は、まったくといっていいほどいなかった。十九世紀末のパリでは、女性が付き添いなしで、一人で外出することすら、常識はずれのことと考えられていたようです（前掲『マリー・キュリー』1、参照）。

しかし、そうした社会の中で、マリーは「一人の人間」として、敬意を勝ち取っていきました。マリーの努力と英知、人格と業績が、女性への差別や偏見を一つ一つ打ち破っていったのです。

マリー・キュリーの生涯を見ると、「女性初」という形容詞が、随所に見受けられます。

女性初の高等師範学校の教師、女性初のノーベル賞受賞、女性初のパリ大学教授、女性初の医学アカデミー会員……等々。

そして、そうした業績は、「初」であるからこそ、妬《ねた》みによる非難や、反動勢力からの迫害に、常につきまとわれていたのです。

皆さん方の先輩の中にも、「短大初」という栄光と重責を毅然と担い立って、後輩の道を切り開いてくれた方々が、たくさんおられます。

反動勢力との永遠の戦い

一九一〇年、マリー・キュリーのフランス学士院科学アカデミー会員選挙の際、女性の社会進出に抵抗する人々が、こぞって反対の運動を展開しました。

科学上の業績から言えば、マリーは、会員となることに、まったく問題はありませんでした。

ただ、マリーが「女性」で「外国人」であること、それが大きな反対の理由となったのです。

数学者のアンリ・ポアンカレなど、著名な科学者がマリーを支援しましたが、マリーの就任を執拗《しつよう》なまでに妨害する人々がいました。

マリーを中傷する、卑劣なキャンペーンが行われました。狂信的な右派の新聞は、マリーと、彼女を応援する人々を口汚く罵《ののし》りました。

一回目の投票で過半数に届かず、二回目の投票が行われました。そして、マリーは二票の差で落選しました。

彼女は、落選しても悠然としていました。

もともと、アカデミーに立候補の手紙を送ってはいなかった。慣例となっている会員への訪問を熱心に行ってもいなかった。

名声などには、ほとんど無関心だったのです。

しかし、科学の業績ではなく、女性を会員にするかどうかという問題ばかりが話題にされたことを残念に思っていたのではないでしょうか。

長女のイレーヌによれば、マリーは「社会進歩のための闘争」が必要であると常に語っていました。そして、その闘争を「反動派」に対する「永遠の戦い」と名づけていたそうです（前掲『キュリー家の人々』引用・参照）。

女性は平和へ導く教育者

イレーヌは、「この戦いにおいて、女性は選ばれた地位を占める。彼女たちは教育者だから」（前掲『キュリー家の人々』）と述べています。

女性であること。それは、社会を平和へリードする大きな使命をおびた「選ばれた教育者」であるということなのです。

「母性は本来の教育者であり、未来に於《お》ける理想社会の建設者」（『創価教育学体系』下、『牧口常三郎全集』6所収、第三文明社）であるとは、創価の師父・牧口先生の叫びでありました。

マリーへの風圧は、アカデミー選挙の落選にとどまりませんでした。

マリー・キュリーが夫に先立たれた気の毒な境遇と見られていた間は、世間は同情的でした。

しかし、一個の人間として屹立《きつりつ》し、堂々たる実力を発揮していくと、容赦なく攻撃を開始したのです。

その根っこには、陰湿な「嫉妬」がありました。

外国人であり、女性でありながら、誰にも真似のできないような業績を成し遂げ、海外から数々の賞讃を受けている――その確固たる偉業に対する根深い妬みが渦《うず》を巻いていたのです。

マリーのプライバシーを非道に侵害し、事実無根のウソを交《まじ》えて、大衆の好奇心に媚《こ》びへつらうような悪辣《あくらつ》な記事が、次々と書き立てられました。中には、ピエールは事故死したのではなく、マリーのせいで自殺したのだと、卑劣極まることを言う人間すら現れました。

「自由の名のもとに放縦《ほうじゅう》が許される」という言論の暴力が、人権を蹂躙《じゅうりん》して憚《はばか》らなかったのです。

逆境の時こそ真の友がわかる

亡夫ピエールの兄ジャックは、ウソで固められた、でっち上げの報道に対して、「何と下賤《げせん》で、何と不快で、何と卑劣なことか！」（前掲『マリー・キュリー』２）と激怒しました。

そして自らペンを執り、マリーを賞讃し、彼女の正義を堂々と証明する文章を新聞社に送ったのです。

「彼女に対する下劣な記事がどれだけわたしの憤激《ふんげき》を煽《あお》り立てたか言うまでもない」「キュリー家の名において、義理の妹が、科学のみならずさまざまな面で卓越していたように、その私生活においても常に完璧で申し分ないと言うことは大いに役に立つものと思う」（同前）

逆境の時こそ真実の友が明らかになります。

多くの友人たちは、マリーを励まし、変わらぬ友情と真心を伝えてきました。

二十世紀を代表する大物理学者アインシュタイン博士も、その一人です。

博士は、マリーの「精神とエネルギーと正直さ」を、心を込めて賞讃しながら、こう書き送っています。

「野次馬が大胆にもあなたに反抗する、そのやり口が頭にきたのでこの感情を断然吐露《とろ》せずにはいられません」

「野次馬がいつまでもあなたのことにかかずりあっているのなら、もう戯言《たわごと》を読むのはおやめなさい」（同前）

あのポーリング博士が、平和への信念の行動のゆえに事実無根の誹謗《ひぼう》を浴びせられた時も、アインシュタイン博士は厳然と擁護しております。

偉大であり、正義であるがゆえに、嫉妬され、悪口《あっこう》される。そして、それを耐え抜いて、勝ち越えた人が、永遠不滅の勝利と栄光に包まれていくのです。

仏法では、「賢聖《けんしょう》は罵詈《めり》して試みるなるべし」（新一二八八ページ・全九五八ページ）と説かれております。悪口《あっく》罵詈などに負けてはいけない。

言論の暴力は犯罪である

終始、マリーの一家を守り続けたマルグリット・ボレルという女性は、このヒステリックな迫害の嵐は「外国人排斥《はいせき》、嫉妬、反フェミニズムという考え」（同前）の産物だとみなしていました。

マリーをパリから追放しようとする動きさえありました。それに対して母国ポーランドは、戻って研究を続けるよう、彼女に救いの手を差し伸べました。

しかし、彼女は、それでもフランスに踏み留《とど》まりました。〝残された使命を果たすために！〟です。

マリーは、力強く抗議しました。

「わたしの行動で卑下《ひげ》せざるを得ないようなものは何ひとつありません」

「新聞と大衆による私的生活への侵害全体を忌《い》むべきものと思います。この侵害は、高潔な使命と公衆の利益という大切な仕事にその生涯を捧げているのがあきらかな者を巻き込んだときにはとりわけ犯罪ともいえます」（同前）

言論人が永遠に心に刻んでいくべき、高潔な母の獅子吼《ししく》であります。

一九一一年の十一月、マリーのもとに、スウェーデンから知らせが届きました。二度目のノーベル賞（化学賞）が授《さず》けられることになったのです。今度は、マリーの単独の受賞でした。

ある伝記作家は、マリーは「国内で策略や困難に出くわしたが、外国のさまざまな機関からの評価によって十二分に報《むく》われた」（前掲『キュリー夫人』）と述べています。

ただ、まさにこの時は、マリーに対する卑劣なマスコミの攻撃が行われている最中でした。

ある人物からは、ノーベル賞を辞退するように勧告する手紙まで届きました。

しかし、マリーは、「わたしは自分の信念に従って行動すべきだと思います」（前掲『マリー・キュリー』2）と書き送り、授賞式に出席し、堂々と講演を行ったのです。

その姿は、多くの人に、マリーの絶対の正義を印象づけました。

悪には怯《ひる》んではならない。卑劣な人間どもには、徹して強気でいくのです。

その後、マリーは、度重なる疲労と、精神的ストレスにより、病に倒れてしまった。

言論の暴力が、どれほど人を傷つけることか。それは、生命をも奪う魔力がありま
す。その残忍さ、悪逆さは、当事者にならなければ、決してわからないでしょう。こ
れほど恐ろしい〝凶器〟はないのです。

ゆえに、そうした社会悪とは、徹して戦わなければならない。

もちろん、言論は自由です。しかし、人を陥《おとしい》れるウソは絶対に許してはならない。
ウソを放置することは、言論それ自体を腐敗させる。社会のすみずみに害毒が広がり、
民主主義の根幹を破壊し、人間の尊厳を踏みにじってしまうからです。

マリーは、ファシズムの不穏な動きが生じつつあった時代に、警鐘を鳴らしました。

「危険で有害な見解が流布しているからこそ、それと闘う必要がある」（同前）

正義の人の名は永久に残る

マリーの二女エーヴが執筆した『キュリー夫人伝』は、一九三八年に出版されるや
いなや、たちまち各国で翻訳され、今も多くの人に読み継がれている世界的な名著で

す。私も若き日に熟読しました。

私が何回となく対話を重ねた、作家の有吉佐和子《ありよしさわこ》さんも、夫人伝を読んで、ひとたびは科学者を志したといいます。

この長編の伝記をエーヴは、母の死後、三年ほどで一気に書き上げました。

なぜ、それほど早く書き上げたのか。

愛娘《まなむすめ》は、誰かが不正確な伝記を著《あらわ》す前に、母の真実の姿を、広く世界の人々に訴えたかったからです。

それは、邪悪な言論に対する、娘の正義の反撃でした。

エーヴは、はしがきに、「わたくしはたった一つの逸話でも、自分で確かでないものはいっさい語らなかった。わたくしはたいせつなことばのただ一つをも変形しなかったし、着物の色にいたるまで作りごとはしなかった」(前掲『キュリー夫人伝《新装版》』)と記しています。

その静かな言葉の背後には、〝大切な母を汚《けが》すウソは、一切許さない！　虚偽には真実で対抗する！〟――との熱い情熱が漲《みなぎ》っています。

私がともに対談集を発刊したブラジル文学アカデミーのアタイデ総裁は、この二女エーヴと深い交流がありました。

昨秋（二〇〇七年）、彼女（エーヴ）がニューヨークで逝去され、百二歳の天寿を全《まっと》うされたことが報じられました。ご冥福を心からお祈りしたい。

エーヴは、愛する母の真実の姿を描き出し、母の偉大な勝利の人生を、厳然と歴史に留め残した。

チェコの作家チャペックは記しました。

「この五十年間、現在の大臣や将軍やその他のこの世界の大人物の名前を、はたして誰が記憶しているだろうか？　しかし、キュリー夫人の名前は残るだろう」（『カレル・チャペックの警告』田才益夫訳、青土社）

マリー・キュリーを迫害した人々の名前は、今、跡形《あとかた》もありません。しかし、マリー・キュリーの名は、さらに輝きを放ち続けています。

一人ももれなく幸福王女に

かつて、私の母が、まさに臨終という時に、「私は勝った」と語りました。それは、なぜか。

「どんな中傷、批判を受けてもいい、人間として社会に貢献するような、そういう子がほしかった。そして、自分の子にそういう人間が出た。だからうれしいんだ。社会のためにどれだけ活躍したか、挑戦したか、それを見たかったんだ」というのです。

皆さん方もどうか、短大に送り出してくれた父母の深き真心に応《こた》えていってください。お父さんやお母さんが、「私は勝った!」と言ってくれるような娘に成長してください。

創立者である私と妻は、大切な皆さん方の前途を、皆さんの生涯の味方として、つねに祈り見守っております。

短大生
一人ももれなく
幸福王女たれ

「私はやりきった！」と勝利の人生を飾れ

教え子たちに安心感と大きな手本を

キュリー夫人は、優れた教育者でもありました。

「一国の文明は国民教育に割《さ》かれる予算の比率で測定される」というのが彼女の持論でした（前掲『わが母マリー・キュリーの思い出』）。

ピエールと結婚してまもなく、キュリー夫人は教員の免許を取り、苦しい家計を改善するために、パリの女子高等師範学校に勤めたことがあります。

この学校は、一流の大家の授業を女性に受けさせる目的で設立された学校で、マリー・キュリーは、初の女性教師となりました。

教え子の一人は、こう振り返っています。

「キュリー夫人の講義が私に光をもたらした。私たちを眩惑《げんわく》したのではなく、安心感を与え、ひき寄せ、ひきとめた。夫人の性格の率直さ、感受性の細やかさ、私たちのために役に立ってやりたいという願い、私たちの無知と私たちの可能性を同時によく心得ていたこと、そういうものがその原動力だった」（前掲『キュリー家の人々』）

マリーは、学生たちのために入念な準備をして、授業のやり方も、工夫に工夫を重ねました。

さらに授業の方法や、学校で教える内容自体も、「どうしたら学生のためになるか」を根本に考え、積極的に学校の責任者に訴え、改革していった。マリーは若く、地位も高くありませんでしたが、下から上を変えていったのです。

また、女子学生たちを自宅に招き、親身に相談に乗ってあげました。

家族のこと、勉強のこと、生活のこと、将来の進路についてなど、親切に聞き、真剣に耳を傾け、一人一人の課題に、真心のアドバイスをしています。

当初、マリーは、厳しそうな、近づきがたい先生に見えました。しかし、その奥に、じつに温かい心があるのを知り、女子学生たちは、彼女を深く慕っていくようになったのです。

マリーは、博士号の取得に挑んだ時、教え子を、学位論文の公開審査の席に招きました。

どきどきしながら、その光景を見守っていた彼女たちは、試験官の質問に、マリーが的確に、見事に答えるのを目の当たりにし、まるで、わがことのようにうれしくなりました。

彼女たちの一人は、こう綴っています。

「ほかの女性に対する何という大きな手本を、励ましを、マリ・キュリーは今ここに与えたことだろうか！」(同前)

マリーは、自分が勝利の実証を示すことで、後に続きゆく若き女性たちの心に、自信と誇りを植え付けていったのです。

皆さん方の先輩たちも、そうした心で、母校の後輩に尽くしてくれていることを、私と妻は、いつも涙が出る思いで見つめております。

マリーは記しました。

「実験室において、教授たちが学生に影響を及ぼすことができるのは、彼らに権威があるからではなく、彼ら自身に科学への愛情と個人的な資質が備わっていることによるところがはるかに大きい」（前掲『マリー・キュリー』1）

「権威」で、若き学生の心をつかむことはできません。

マリーは、自分自身が学生時代、大変な苦労をしたからこそ、貧しい中で勉学に励む学生を見ると、ほうっておけなかった。後輩たちのために奨学金の手配をしてあげたり、さまざまな援助を惜しみませんでした。

そうした姿は、学生のために尽くされる、創価女子短期大学の教員の先生方、職員の皆さん方とも重なり合います。

恩を忘れず　誠実にまっすぐに

彼女は、自分が受けた「恩」を忘れない女性でもありました。

学生時代、マリーは、友人の奔走《ほんそう》によって、ある財団から奨学金を受けていました。マリーはのちに、少ない収入の中から懸命に工面して、奨学金として受け取った全額を持参して財団を訪れております。

本来、この奨学金は返す必要のないものでした。それを返すというのは、前代未聞のことであり、担当者は大変に驚きました。

マリーは、自分と同じような境遇の女子学生が困っているかもしれない。だから、一刻も早く返さなければいけないと考えたのです。彼女の律義にして、まっすぐな、そして誠実そのものの人柄をほうふつさせるエピソードです。

マリーは、ラジウム製法の特許取得を放棄し、生涯、質素に暮らしました。それでも、少ない財産の中から、困っている人々のための援助を捻出《ねんしゅつ》していました。

かつて親切にフランス語を教えてくれた貧しい女性のために、旅費を工面し、里帰りしたいという希望を叶えてあげたこともあります。その後、この女性は思い出を振り返り、マリーの優しさに熱い涙を流して感謝しました。

故郷ポーランドのことも、決して忘れたことはありませんでした。晩年に彼女が指揮したラジウム研究所には、さまざまな国籍の研究者がやってきましたが、その中には必ず、ポーランド人がいました。

また、ポーランドに放射能の研究所を建設する計画が持ち上がった時は、彼女の最も優秀な教え子たちを派遣しています。その一人に、ヴェルテンスティン博士という大学者がいました。

彼はのちに、ポーランド物理学会の創設者の一人となりますが、この方に師事したのが、パグウォッシュ会議の議長を務め、ノーベル平和賞を受賞したジョセフ・ロートブラット博士です。

ロートブラット博士と私は対談集を発刊しました。沖縄で会見した時、博士は、マリー・キュリーが亡くなる二年前に会った思い出を、しみじみと述懐しておられました。ロートブラット博士は、まさに、マリー・キュリーの孫弟子に当たるわけです。

戦地を走り負傷者を救助

第一次世界大戦が勃発《ぼっぱつ》すると、マリーは、長女のイレーヌとともに、負傷者の救護に奔走しました。

四十八歳で車の運転免許を取り、自ら開発したレントゲン車のハンドルを握り、負傷者の救助のために戦地を駆け回った。彼女は行動の人でもあったのです。

役人の抵抗に遭いながらも、二十台の自動車にレントゲン装置をつけ、さらにレントゲン装置を備えた二百の放射線治療室をつくった。そして、二百二十班の救護隊を訓練しました。

このマリーの取り組みによって、銃弾などが体内のどこにあるかを知ることができ、効果的な治療が可能となったのです。この診察を受けた負傷者は、百万人を超えたと言われます。

惨状を目にしたマリー・キュリーは、「戦争の理念それ自体にたいしてにくしみ」（前掲『キュリー自伝』）を抱いていました。

イレーヌは、「何よりも母が腹をたてたのは、軍事費のためあらゆる国々の富の大半が吸いとられ、有用な活動が阻害されるのを見ることでした」（前掲『わが母マリー・キュリーの思い出』）と語っています。

後年、マリーは「平和のための知性の連帯」を築くため、国際連盟の活動にも参加しています。

後継の娘もノーベル賞に

イレーヌは、マリー・キュリーと同じ放射能研究の道に進みました。母と娘は、科学の発展に身を捧げる同志となったのです。

イレーヌは、人工放射能の研究で、夫のフレデリック・ジョリオ＝キュリーとともに、ノーベル化学賞を受賞しています。

その受賞理由となった「人工放射能の発見」は、マリー・キュリーの亡くなる半年前のことでした。苦心の末の発見に驚き、喜んだ二人は、母のマリー・キュリーを呼んで、確認してもらっています。

「あのときのキュリー夫人の、強烈な喜びようといったら、わたしは一生忘れることはないでしょう。おそらく、彼女の生涯で最後の、大きな喜びだったと言えるでしょう」（ノエル・ロリオ『イレーヌ・ジョリオ＝キュリー』伊藤力司・伊藤道子訳、共同通信社）とは、イレーヌの夫フレデリックの感慨です。

放射能の研究に生涯をかけたマリー。

人生の総仕上げの時期に、後継の子どもたちが、科学の新たな時代の扉を開くのを見届けることができたのは、どれほどうれしかったことでしょうか。

一九二二年、フランスの医学アカデミーは、マリー・キュリーを同アカデミー初の女性会員に選びました。その十一年前、彼女を会員にすることを拒んだ科学アカデミーに対する非難決議とともに、です。

そして一九二三年、フランス議会は、ラジウム発見二十五周年を記念し、マリーの功労に深い感謝を表しました。

マリー・キュリーは勝ったのです！

何に？　あらゆる苦難に。残酷な運命に。そして、自分自身に。

すべてに打ち勝って、マリーは、自分自身の使命を完璧に全うしたのです。

すぐれた激励者

晩年のマリーの健康状態は、決して良好ではありませんでした。いつも、しつこい疲れに悩まされていましたし、白内障で失明の危機にもさらされました。

過酷な研究活動による疲労の蓄積と、長年の放射線による被ばくが、彼女の健康を、いちじるしく害していたのです。

彼女の手は、ラジウムによるやけどの跡が残っており、固く、たこができていたといいます。

「この道はあらゆる生活の安易さを断念することを意味しました。しかしかれは決然として、じぶんの思想も欲望も、この理想に服従させました」（前掲『ピエル・キュリー伝』）

彼女は、真理の探究者として茨《いばら》の道を歩んだ夫ピエールについて、こう書きましたが、それは、そのまま自分自身の生き方でもあったでしょう。

マリーは晩年、ピエールと自分が創始した学問をさらに発展させるため、研究所の充実と、後継者の育成に力を注ぎました。

研究所では、誰とも分け隔《へだ》てなく接し、多くの若き学究者が、常に彼女の周りを取り囲んでいた。

彼女自身、若い人々と過ごすのが楽しかったといいます。

「この孤独の女学者は、生来の心理学者的、人間的天分によって、すぐれた激励者としての資格ができていた」（前掲『キュリー夫人伝《新装版》』）と、二女のエーヴは指摘しています。

理想に燃える「永遠の女子学生」

マリーは六十歳を過ぎても、朝早くから、夜遅くまで、研究所で仕事をしていました。

研究所の上に住んでいたある住人は、「彼女がよく研究所に朝一番に来て、最後に帰っていった」ことを証言しております（前掲『マリー・キュリー』２）。

六十二歳のマリーは、友人にこう書き送りました。

「いつも考えているのは、何をなさねばならないかであって、何がなされたか、ではありません」（同前）

マリーの目は、最後の最後まで、未来に向けられていました。死の直前にも、本の執筆をはじめ、さまざまな計画を抱えていました。

愛娘のエーヴは、こう綴っています。

「母はずっと、私がこの世に生まれでるはるか前の、夢を追う貧しい学生、マリア・スクウォドフスカ（＝故郷ポーランドにいた頃のマリーの名前）としての心のままで、生きていたように思われる」（前掲『キュリー夫人伝』）

どんな立場になっても、母になっても、年老いても、彼女の魂は、理想に燃える女子学生の時と変わらずに、赤々と燃え続けていた。

マリーは、「永遠の女子学生」だったのです。

彼女は、昇りゆく朝日とともに、荘厳な臨終を迎えました。

「夜が明け、太陽が山々をバラ色に染め、澄みきった空にのぼり始めたとき、輝かしい朝の光が部屋の中にあふれ、ベッドをひたし、くぼんだほおと、死のためにガラスのように無表情になった灰色の目にさしこんだとき、ついに心臓がとまった」（前掲『キュリー夫人伝《新装版》』）

「白衣を着、しらがを上げて広い額をあらわに見せ、騎士のように荘重《そうちょう》でりりしくて平和な顔をした彼女は、いまやこの地上でもっとも美しく、もっともけだかい存在だった」（同前）

一九三四年七月四日、娘に見守られて、マリー・キュリーは、その崇高な生涯を閉じました。六十六歳でした。

逆境の時こそ本当の底力が

「わたしは、人はどの時代にも興味のある有用な生を営《いとな》むことができると思います。

要《よう》は、この生をむだにしないで、《わたしは自分にできることをやった》とみずから言うことができるようにすることです」（同前）

マリーの叫びです。

どんな人でも、どんな時代に生きても、その人には、その人にしかできない使命があります。

特別な人間になる必要はない。有名になったり、華やかな脚光を浴びる必要もない。平凡であっていい。「自分らしく」輝くのです。

大切なのは、「私は自分にできることをやりきった！」と言えるかどうかです。

順境の中では、人間の真の力は発揮できない。

逆境に真正面から立ち向かっていく時、本当の底力がわいてくる。逆境と闘うから、大いなる理想を実現することができるのです。

父娘《ふし》の絆は　永遠《とわ》ならむ

〽桜花《おうか》を見つめ　歩みゆく
知性の乙女は　美しく
学び求むる　わが母校
誉《は》れの青春　光あれ

希望は広がる　わが心
友《と》情《も》と学ばむ　晴れの日々
幸福博士《はかせ》は　胸をはり
おお　白鳥《はくちょう》の　幸《さち》の道

くる日くる日も　わが歴史
父娘《ふし》の絆は　永遠《とわ》ならむ
翼を広げよ　白鳥は
誓いの空をば　世界まで

うれしいことに、二年前（二〇〇六年）の一月に誕生した短大歌「誉《は》れの青春」の歌碑が、このほど卒業生（短大白鳥会）より寄贈され、まもなく除幕されます。これは、短大開学二十周年（二〇〇五年）、短大白鳥会結成二十周年（二〇〇七年）を記念して、真心から贈ってくださったものです。

ここに歌われた通り、気高き誓いを胸に、今春（二〇〇八年）で八千人を超える卒業生が、世界各地で素晴らしき翼を広げて活躍してくれております。創立者として、これほど誇らしいことはありません。

大教育者クマナン博士の尽力で開学したインドの「創価池田女子大学」では、この一月三十日、第五回の卒業式が行われました。皆さん方と人間教育の理念を共有する、最優秀の女性たちが、社会へ巣立っております。

牧口先生が先進的な「女性教育」に携わられてより、一世紀――。本格的な「創価女性教育の第二幕」がいよいよ開幕したのです。

「誓い」を胸に　今いる所で光る

若き乙女たちが、理想を抱いて行き交う、短大の「文学の庭」。キュリー像は、今日も静かに、そして真剣勝負の姿で立っています。

この像は、無言でありながら、無限の励ましを贈ってくれます。

――私は戦いました。たくさん、つらいことがありました。けれども、負けませんでした！

あなたも負けないで！

私は勝ちました！

あなたは、どう生きるのですか？　今、あなたの胸にある「誓い」は何ですか？――

一人一人の女性が、今いる、その場所で、この像のごとく、毅然と立ち上がることです。

そして、それぞれの使命に燃えて、全生命を光り輝かせていく時、時代は変わり、歴史は動いていきます。

あのワルシャワの移動大学で、若きマリーたちが声高らかに朗読した詩があります。

「真理の明るい光をさがせ
まだ見ぬ新たな道をさがせ」
「……どの時代にもそれぞれの夢があり
きのうの夢想は打ち捨てていく
さあ、知識のたいまつを掲げ
過去の成果に新たな仕事を積みあげて
未来の宮殿を築くのだ」（前掲『キュリー夫人伝』）

わが創価の貴女《あなた》たちよ、「永遠に学び勝ちゆく女性」として、未来に輝く平和と正義と幸福の大宮殿を築いてくれたまえと、深く深く祈りつつ、記念の講座とさせていただきます。

世界一
わが短大は
花盛り
学びと幸《さち》の
女王の笑顔に

〈主な参考文献〉

『キュリー夫人』ビバリー・バーチ著・乾侑美子訳・偕成社、『マリー・キュリー』スーザン・クイン著・田中京子訳・みすず書房、『マリー・キュリーが考えたこと』高木仁三郎著・岩波書店、『キュリー夫人伝《新装版》』エーヴ・キュリー著・川口篤・河盛好蔵・杉捷夫・本田喜代治訳・白水社、『文読む月日』上・レフ・ニコラエヴィチ・トルストイ著・北御門二郎訳・筑摩書房、『キュリー自伝』木村彰一訳・『人生の名誉』8所収・大和書房、『キュリー夫人伝』エーヴ・キュリー著・河野万里子訳・白水社、『キュリー家の人々』ウージェニィ・コットン著・杉捷夫訳・岩波書店、『わが母マリー・

キュリーの思い出』イレーヌ・キュリー著・内山敏訳・筑摩書房、『ピエル・キュリー伝』マリー・キュリー著・渡辺慧訳・白水社、『マリー・キュリー』桜井邦朋著・地人書館、『キュリー夫人』オルギェルト・ヴォウチェク著・小原いせ子訳・恒文社、『レ・ミゼラブル』ヴィクトル・ユゴー著・辻昶訳・潮出版社、『創価教育学体系』下・牧口常三郎・『牧口常三郎全集』6所収・第三文明社、『カレル・チャペックの警告』カレル・チャペック著・田才益夫訳・青土社、『イレーヌ・ジョリオ＝キュリー』ノエル・ロリオ著・伊藤力司・伊藤道子訳・共同通信社

創価学園・特別文化講座

大詩人・ダンテを語る

（2008年4月23日～5月25日）

創価学園・特別文化講座「大詩人・ダンテを語る」は、『聖教新聞』二〇〇八年四月二十三日～五月二十五日付（全五回連載）で発表したものです。

徹してこそ才能は花開く

新しい出発の月、四月

若き日、私は、「四月」と題して、青春の躍動しゆく心を歌いました。

四月
花は　咲き乱れぬ
そして　風と共に　散りゆきぬ

四月
若人《わこうど》の　心の花よ　咲き香れ
若人の　前進の歌も　舞いゆかん

四月
青春の月　若人の月

四月
青年の月　人生謳歌《おうか》の月

四月
ホイットマンも　ゲーテも
ミルトンも　ダンテも
みな　心より歌い　戦い

悩み　進みし　この四月

（『池田大作全集』第39巻収録、聖教新聞社）

ボンジョルノ！（＝イタリア語で、「こんにちは！」）

新しい出発の月、四月に寄せて、創立者の私から皆さん方に真心からの贈り物があります。

それは、皆さん方と語り合いたいと思って準備を進めてきた、第一回の創価学園「特別文化講座」の原稿です。

本当は、ゆっくりと時間をとって、学園で講座を進めたいと願ってきたのですが、世界からの来客等が続いており、なかなか日程が取れません。

そこで、新入生の皆さん方への歓迎の意義も込めて、発表させていただきます。

第一回の「特別文化講座」のテーマに選んだのは、私が、皆さん方と同じ十代のころから愛読してきた、イタリアの大詩人ダンテ・アリギエリです。

真の幸福とは？

わが創価学園は、昨秋（二〇〇七年）で創立四十周年――。

これまで、私が妻とともに、来る日も来る日も、祈り続けてきたことがあります。

それは、「わが学園生よ、一人ももれなく、幸福の人生を！」「正義の人生を！」、そして「勝利の人生を！」ということです。

それでは、真の「幸福」とは、何か？

真の「正義」とは、何か？

そして、真の「勝利」とは、何か？

ダンテの生涯と文学は、このことを問いかけている。人間にとって、一番大事なことを教えてくれています。

その意味で、私は、ダンテを通して、皆さんに語りたい。

また卒業した同窓生の方々はもちろん、ともに未来を生きゆく、すべての中学生、高校生の皆さん、さらに後継の使命も深き、すべての男女青年の皆さん方のために語り残しておきたいのです。

さあ、新緑光るフィレンツェの公園のベンチに座って、滔々《とうとう》と流れるアルノ川を見つめながら、ゆったりと懇談するような気持ちで、この講座を進めていきましょう!

トインビー博士が敬愛した作家

かつて私は、二十世紀を代表するイギリスの大歴史学者トインビー博士と、さまざまなことを語り合いました。

一九七二年と七三年、合わせて四十時間にわたる対話です。

「教育論」についても語り合いましたが、博士は、創価教育に対して、大きな期待を寄せてくださいました。

そして、「文学論」がテーマになった折に、私が「好きな作家は誰ですか?」と尋ねると、トインビー博士が即座に名前を挙げられた人物がいます。

その人こそ、ダンテでありました。

それは、なぜでしょうか？

ダンテが、自らの大きな苦難や不幸に断じて負けなかったからです。

そして、その苦しみや悲しみを、世界の多くの人々の喜びや幸せへと転換していったからです。

そうです。ダンテは、自分に襲いかかった過酷な「運命」を、人類のための「価値創造」、すなわち「創価」の「使命」へと変えた人なのです。

不屈の人の顔

ダンテは、一二六五年の五月から六月ころ、イタリアの〝花の都〟フィレンツェの貧しい貴族の子弟として生まれました。

家が貧しいということは、少しも恥ずかしいことではない。むしろ、恵まれない環境の中から、偉大な力ある人間が育っていくものです。

詩聖ダンテ・アリギエリ（1265 ～ 1321年、写真提供：ユニフォトプレス）

ダンテが誕生した家は、復元されて、今に伝えられております。

私も、二十七年前（一九八一年）の陽光まばゆい六月、その生家を青年たちと一緒に訪れました。

石造りで、繁華街の一角《いっかく》にひっそりと立っていました。外壁には、厳しい表情を浮かべたダンテの胸像が埋め込まれております。

ダンテの顔は、「終生不屈の闘争をなせる人の顔」（カーライル『英雄崇拝論』老田三郎訳、岩波書店）とも言われます。

人生は、すべて戦いです。なかんずく、正しい人生であればあるほど、激しい戦いの連続である。その使命の闘争を、最後の最後まで貫けるかどうか。ここに、人間としての勝負がある。

わが創価学園の「学園魂」とは、不屈の「負けじ魂」です。

皆さん方の先輩も、この負けじ魂で、戦い、勝ち抜いています。

私は、ダンテも歩んだであろう、フィレンツェの細い路地の石畳《いしだたみ》を踏みしめながら、イタリアの青年たちとともに、大詩人の激闘の尊き生涯に思いをはせました。

学園の
　負けじ魂
　　一生涯
無数の花びら
　君の生命《いのち》に

現代が渇望《かつぼう》する深き精神性

フィレンツェには、創価の友が喜々として集い合う、歴史と文化薫《かお》る「イタリア文化会館」があります。私も訪れました。国の重要文化財にも指定されている由緒《ゆいしょ》ある建物です。

ここには、一八六五年の〝ダンテ生誕六百年祭〟に、フィレンツェ市庁舎に掲げられた「各都市の紋章」の記録をはじめ、六百年祭に関する貴重な資料が保管されています。

フィレンツェのあるレストランで、友人たちと語り合った時のことです。その建物の壁を指さして、「ここにもダンテの『神曲《しんきょく》』の一節が刻まれています」と友が教えてくれました。

ダンテが残した希望の言葉、鋭い警世《けいせい》の言々句々は、時代を超えて、今でも人々を照らしています。

とりわけ、最近、「ダンテ・ブーム」とも言える現象が、イタリアで起きているよ

信念の人生を歩んだ詩聖ダンテの胸像。フィレンツェの「ダンテの家」の外壁に埋め込まれている　©Takao Ito

うです。有名な俳優が連続して開催した『神曲』の朗読会には、毎回、五千人もの聴衆が集まりました。

　この模様は国営テレビでも放映され、イタリアの総人口約五千九百万人のうち、実に一千万人以上が見たといいますから、すごいことです。

　さらに『神曲』の朗読を収めたDVDも、新たに制作されたそうです。

　約七百五十年前の人物の作品に、二十一世紀を生きる人々が喝采《かっさい》を送る。

　ダンテの作品には、現代が渇望《かつぼう》する深い精神性とメッセージが込められているのです。

嵐を越えて大樹と育て

それでは、ダンテが直面した苦難について、具体的に考えていきたいと思います。

ダンテは、少年時代に、最愛の存在を相次いで失うという深い悲しみを経験しています。

ダンテがまだ五歳のころに、母が亡くなりました。さらに、母親の代わりに自分を育ててくれた祖母も、そして父まで失ったのです。

また、理想の女性として慕っていた、ベアトリーチェも二十代の若さで世を去りました。

若き日から試練多き人生を生き抜いたダンテら偉人の姿を通して、文豪ヴィクトル・ユゴーは明言しております。

「大きな樅《もみ》は、唯《た》だ嵐の強い場所にばかり成長する」（『ユウゴオ論説集』榎本秋村訳、春秋社書店）

その通りです。嵐を勝ち越えてこそ、大樹と育つことができる。これが万物を貫く法則です。

わが学園生にも、最愛の父や母を亡くした人がいます。

私も、そうした学園生に出会うたび、全力で励まし、ご両親に代わって見守り続けています。

八年前（二〇〇〇年）、卒業を間近に控えた関西創価学園の友と兵庫でお会いしました。

私は、「お父さんがいない人？」、そして、「お母さんが亡くなった人？」と尋ねました。

手を挙げた人に、妻が用意した〝お菓子のレイ（首飾り）〟を差し上げました。

その時、二度とも手を挙げた高校三年の女子生徒がいました。彼女は、中学二年の時に、お父さんもお母さんも交通事故で失っていたのです。私もよく知っている、素晴らしいご両親でした。

二つのレイを首に掛けて、美しい笑顔の乙女。ともに卒業していく同級生たちから、大きな大きな拍手が沸きました。すべてを分かり合っている同級生たちは皆、彼女の〝心の応援団〟です。

彼女は、ポケットに両親の写真を入れて、学園生活を頑張りました。おばあちゃんが懸命に面倒をみてくれました。

彼女のお姉さんと妹さんも、関西創価学園生です。三姉妹とも、立派な後継の人材として、後輩たちの希望の太陽となって、使命の道を歩んでいます。

私は本当にうれしい。

「最も深い悲しみ」を乗り越えた人は、若くして「最も深い哲学」をつかんだ人です。

生命の尊さを知り、人生の意義を思索し、人の心を思いやれる、優しく、深く、そして強い人間に成長できる。

目には見えなくとも、生命は、生死を超えて結ばれております。亡きお父さんや、お母さんは、わが生命に生きている。一体不二である。

それを自覚すれば、何倍も大きく豊かな力を出して、この人生を生き抜いていくことができる。

そして皆さん方が勝つことが、お父さん、お母さんの勝利です。

フィレンツェ市内に立つダンテの像。真実を見抜く鋭い目。頭上には「月桂冠」が
©Takao Ito

皆さん方が幸福になることが、父母の幸福であり、栄光なのです。

ダンテも、悲観や感傷などに決して負けませんでした。

すべてをバネにして、雄々しく勉学に挑戦し、何ものにも揺るがぬ自分自身を築き上げていったのです。

学園は
　意義ある青春
　　親孝行

一筋のこの道を進もう

ちょうど三十年前の昭和五十三年（一九七八年）四月、私は、関西創価学園の友に、「この道」の詩を贈りました。

関西創価学園に向かう「一本の道」。

四季折々に美しく、田園が広がり、葡萄《ぶどう》や梨が実る、豊かな自然の中の通学路。そこを、はつらつと登校してくる学園生の姿を見て綴《つづ》った詩でした。

この道よ
この一筋のこの道
ああ　交野《かたの》の路《みち》よ

君よ
昇りゆく
朝日《ひ》につつまれて
いついつも　あゆみし
この道を　忘れまじ

青春の　あの日　この日を

乙女の語らいし
ああ　交野の路

（前掲『池田大作全集』第39巻収録）


この時、私は、六期生として入学したばかりの学園生に語りました。

「今なすべきことは、一生懸命、学園生として勉強することです」

「一番大事な人生の総仕上げの時に勝てる基盤を、今、作っているのです」と。

そして午後には、自転車に乗って、この一本道を皆で散策しました。

春光の降り注ぐ中、帰宅途中の学園生と楽しく語り合ったことは、忘れ得ぬ思い出です。

多くの卒業生が、この「一筋の道」を立派に歩み通し、「正しい人生」を、「負けない青春」を朗らかに生き抜いています。

皆さんも堂々と続いていっていただきたい。

もちろん、楽しい時ばかりではないでしょう。学校に行くのがつらい時も、あるかもしれない。苦しくて、泣きたくて、道を行く足が、鉛《なまり》のように感じられる時だって、

「青春時代は、『悩み』と『希望』との戦いの時代です。悩まない人など一人もいません。だから悩みに負けないことです。悩みに勝った人は栄光の人です」――学園生に語りかける創立者（2000年2月28日、神戸市の兵庫文化会館で）©Seikyo Shimbun

あるかもしれない。

また、毎日一時間、二時間と、長い道のりを通学している人もいる。本当に大変だ。

しかし、朝、早く起きるのも戦いです。雨や雪の中、学校に通うのも戦いです。

一つ一つが、価値ある人生、勝利の人生を築くための挑戦なのです。

自ら誓った「使命の道」「勉学の道」。友と励まし進む「友情の道」。この道を歩み抜いていく人は幸福です。

（＝「この道」の詩は、創立者が二〇〇〇年に、一番、三番を詠み贈った。この折、一番の「乙女の語らいし」が「わが友と語らいし」に改められた）

古典は人類の宝

ダンテは振り返っています。

「私は幼少時代よりして真理に対する愛に絶えず養われた」（『水陸論』中山昌樹訳、『ダンテ全集』7所収、日本図書センター）

真理を求めて、学びに学び抜いてきた誇りが伝わってきます。

その向学と探究の精神は、学園の校訓の第一項目、すなわち「真理を求め、価値を創造する、英知と情熱の人たれ」にも通じます。

では、ダンテの青春と学問は、どのようなものであったのでしょうか。

当時は、今のような印刷機がなかったため、書物は極めて貴重なものでした。一冊一冊、人間が手で書き写したのです。紙も非常に高価なものであった。

本一冊を買うために、葡萄畑を売ったという話さえあります。

本は、「宝」です。古典の名作は、人類が力を合わせて護り伝えてきた「財宝」なのです。

皆さんは、低俗な悪書など断じて退《しりぞ》けて、優れた古典を読んでもらいたい。

本を読み抜くことが、すべての学問の土台です。若きダンテは、徹して「良書」に挑戦します。

何ごとであれ、「徹する」ということが、人間として一番強い。勉強でも、スポーツでも、芸術でも、徹し抜いてこそ、才能は花開くのです。

良書との出あいが人生を変える

とりわけ、ダンテは「死」という人生の根本問題に直面した青年時代、哲学書を読むことに没頭しました。

なぜ、人は苦しみ、悩み、そして死ぬのか。

何のために、人は生きるのか。

この人生を、どう生きればよいのか――。

人間の根幹となる問いかけを持ち、その答えを、人類の「精神の遺産」である哲学や文学に求めていったのです。

ダンテ青年は、〝古代ローマの光り輝く英知〟である、大詩人ウェルギリウス、雄弁家として名高い哲学者キケロ、政治指導者で哲学者のボエティウスなどの名作を、次々と読破していったと言われています。

中でも、ウェルギリウスの詩集について、ダンテは後に『神曲』で、感謝を込めて綴っています。

「長い間ひたすら深い愛情をかたむけて／あなたの詩集をひもといた」「私がほまれとする美しい文体は／余人ならぬあなたから学ばせていただきました」（平川祐弘訳、河出書房新社）

一冊の良書との出あいは、人生を大きく開く力があるのです。

とはいえ、秀才ダンテといえども、最初から、すべてを簡単に理解できたわけではなかった。

ダンテは、キケロやボエティウスの著作を読んだ時、初めは意味を理解することが難しかったと正直に述べています。

真剣に学んでいる人は、知ったかぶりはしない。謙虚です。誠実です。そして、知らないこと、分からないことを、貪欲《どんよく》なまでに探究し、理解し、吸収して、自分の心の世界を広げていこうとするのです。

私が対談してきた知性の方々も、皆、そうでした。

思えば、私も十代のころに、ダンテの傑作《けっさく》『神曲』を読んだが、本当に難しかった。とくに当時は、翻訳の文体も難解でした。

しかし、何としても理解したいと、何度も何度も読み返した。そうやって、最高峰の文学を自分の血肉としてきました。

あの残酷な太平洋戦争が終わった翌月、私は向学心に燃えて、夜間の学校（東洋商業）に通い、学び始めました。

たしか、そのころの教材にも、ダンテの『神曲』が綴られていました。

若き日に
難解《なんげ》の神曲
あこがれて
読みたる努力が
桂冠《けいかん》詩人に

どうか、わが学園生は、人類の英知が結晶した「良書」に挑んで、壮大な心の旅を繰り広げながら、旭日《きょくじつ》の如く冴《さ》えわたる頭脳を磨き上げていってください。

日本一の「英知の力」「雄弁の力」「文筆の力」を

「努力！　努力！」で限界を破れ

学園生
世界に雄飛《ゆうひ》を
君と僕

トインビー博士は歴史の現場に立つことを心がけ、世界中を旅されました。私は、その博士に「最も理想的な都市」を尋ねてみました。

博士の答えは、イタリアの学都「ボローニャ」でした。

ボローニャ市は、中世の面影《おもかげ》を残す、落ち着いた学園都市です。

現在も、人口約四十万人のうち、十万人が学生といいます。ここが、ダンテの向学の青春の舞台となりました。

ダンテは、労苦を惜しまず、学びました。

「われ若《も》し片足を墓に入れをるとも、識《し》らんことを欲《ほっ》するであろう」（『饗宴』下、中山昌樹訳、『ダンテ全集』6所収、日本図書センター）

この先人の言葉を、ダンテは著作に書き留《とど》めています。

大事なことは、どこまでも粘り強く、「努力！　努力！」で、自身の限界を一つ一つ打ち破っていくことです。

「疲れた！　もうやめよう」――そう思ってから、「あと五分」「あと十分」勉強を頑張れるか。「あと一ページ」教科書に挑めるか。

こうした毎日の挑戦の繰り返しが、大きな力となっていくのです。

「学ばずは卑《いや》し」「学は光、無学は闇」「英知をみがくは　何のため」

これが、「創価教育の父」牧口常三郎先生から一貫して流れ通う、創価の探究の精神です。

ダンテは勇んで学ぼうと、二十歳のころから約二年間、ボローニャ大学で勉学に励みました。

ボローニャ大学の創立は、一〇八八年と伝えられている。実に、九百数十年の伝統です。誉《ほま》れ高き〝世界最古の総合大学〟とされ、「母なる大学」と讃《たた》えられております。

ダンテが活躍した十三世紀には、すでに最先端の学問が脈動する「英知の城」として発展を遂げていたのです。

ここにも友が！

一九九四年の六月、私は、皆さん方の創立者として、このボローニャ大学の四百年の歴史を湛《たた》えた大講堂で「レオナルドの眼と人類の議会——国連の未来についての考察」（『池田大作全集』第2巻収録）と題して、記念の講演を行いました。

ここイタリアの天地でも、学園一期の先輩をはじめ、懐かしい創価同窓生が頑張ってくれていました。

当時、ボローニャ大学には、東京校十五期の友が留学していました。

彼は創価大学時代に、イタリア政府の国費留学を勝ち取り、私の大学講演にも駆けつけてくれました。

わが学園生とともに、私は「世界一」の大学で講演に臨《のぞ》んだのです。

東京創価小学校出身で創価女子短期大学六期の友は、ミラノ大学法学部に入学。苦闘を経《へ》て、見事に大学を卒業。修士号も取得しました。

芸術家を志していた関西校三期の友は、現在、新進気鋭の画家としてイタリアで活躍しています。

しかし、順調に進んだ人なんて、一人もいません。皆、人知れぬ苦労を乗り越えて、自らの夢を実現してきたのです。

お金もない中、アルバイトをしながら、勉強をやり抜いてきたのです。

学園時代の「誓い」を果たすために！

後に続く、後輩たちの道を開くために！

今、全世界で、わが学園出身者が活躍する時代に入りました。創立者にとって、これほど、うれしいことはありません。

ダンテが、そして、ペトラルカ、コペルニクスらが学んだヨーロッパの学問の母——
ボローニャ大学。同大学の大講堂で講演（1994年6月）　©Seikyo Shimbun

ボローニャ大学の講演を、私はダンテの『神曲』の一節で結びました。

「恐れるな」

「安心するがよい。私たちはだいぶ先まできたのだ、ひるまずに、あらゆる勇気をふるい起こすのだ」（野上素一訳、『筑摩世界文学大系』11所収、筑摩書房）

この言葉を、すべての同窓の友に捧げたい。

世界に開かれた創価大学は、ボローニャ大学とも教育交流を行っています。毎年、創大生がボローニャ大学に留学しています。ボローニャ大学から創大へお迎えした留学生も、創価学園を訪問し、友情を結んできました。

ボローニャ大学には、ダンテの胸像が置かれていました。そこには、彼が学んだ「一二八七」という年が刻まれていたことも思い出されます。

ダンテは、ここで、弁論術や哲学をはじめ、天文学や医学などの高度な科学知識を学んだとされます。

その成果は、『神曲』にも存分に反映されています。

『神曲』には、古代ギリシャ、古代ローマの名著、さらにアラビアから伝わった最新の自然科学などから学んだ、膨大《ぼうだい》で多様な知識が網羅されており、当時における「百科全書」とさえ言われているのです。

わが頭脳は宇宙大

わが東京校、わが関西校をともに訪問された、ブラジルを代表する天文学者モウラン博士と私との対談でも、二人に共通する若き日からの愛読書であった『神曲』が話題となりました。

モウラン博士は語っておられました。

「ダンテの『神曲』については、私自身、今も研究を続けています。『神曲』は、十三世紀から十四世紀のイタリアに豊富な天文学の知識があったことを示しています」

幅の広い、そして奥の深いダンテの学識は、今なお多くの研究者から感嘆《かんたん》されております。

弟子ダンテ（中央左）は師ウェルギリウス（中央右）とともに困難な旅を続ける
（ドラクロワ作、写真提供：ユニフォトプレス）

三年ほど前にも、イタリアの研究者が、ダンテの先見性について、イギリスの科学誌「ネイチャー」に発表し、世界的に話題を呼びました。

近代科学の父ガリレオ・ガリレイの約三百年も前に、ダンテが力学の「慣性の法則」の基本原理を理解し、『神曲』に綴っていたというのです。

それは『神曲』で、ダンテとその師匠が、怪物の背中に乗って空を飛ぶ場面です。

そこでは、こう表現されています。

「彼（＝怪物）はゆっくり泳ぎながら進み／廻転《かいてん》しながら降りて

行ったが、下から私の顔に／吹きつける風によらねばそれを感じなかった」（同前）

怪物が一定の速度で飛んでいたために、顔に風が当たらなければ、自分が動いているのが分からなかった。ダンテは、そう記《しる》しているのだ――研究者は、こうとらえて、目を見張りました。

「慣性の法則」によれば、動いている物体には、同じ速度で動き続けようとする性質があります。

例えば、高速で飛ぶ飛行機の中で人間がジャンプしても、また同じ所に着地します。飛行機の中にいるとあまり感じませんが、人間も、飛行機と同じ猛スピードで動き続けているからです。

この「慣性の法則」を、ガリレオが十七世紀前半に発表する前に、ダンテが鋭い直観で把握し、描き出していたと指摘されているのです。

ともあれ、若き皆さんは「学ぶことは青春の特権なり」と心を定めて、進取《しんしゅ》の気性で知識を吸収し、時代の最先端を進んでいってください。今は、あまり身近に感じられない勉強も、真剣に学んでおけば、絶対に無駄にはなりません。学んだ分だけ、皆さん方の脳という〝宇宙〟に、新しい〝星〟が誕生するようなものです。その積み重ねによって、頭脳は、壮麗な銀河の如く光を放ち始めるのです。

わが学園生は、日本を代表して「国際化学オリンピック」「国際哲学オリンピアード」などにも出場し、世界最高峰の水準で探究を広げている。

歴史を振り返ると、多くの独創的な発見が、若い、みずみずしい頭脳によって、成し遂げられてきました。

皆さん方の頭脳こそ、未来の希望です。どうか、胸を張って、世界と対話しながら、人類の新しい知性と創造の道を切り開いていっていただきたいのです。

名作『赤毛のアン』で知られるカナダの作家モンゴメリは、学び求める青春の息吹を、こう歌い上げております。

「私の前には、これから出会い、学びゆく広大な世界が広がっているのだ。そう気づいた時、私は歓喜に震えた。未来は私のものだ」(L. M. Montgomery, *Emily Climbs*, Harrap Books)

「知力」「体力」「人間性」を磨け

学園の草創期、私は指導者になるための六つの指針を贈りました。

①まず人よりも、よけいに勉強し、努力しなければならない。

②民衆の味方になっていくこと。大衆のために戦っていく。弱い立場の人の味方となっていく。

③どんなことがあってもくじけない信念を持っていること。

④人間性のある、また、ユーモアのある、そのままの姿で語っていける人でなければならない。

⑤常に常識豊かで、納得させながら、人をリードする人。信望があり、信頼が厚く、尊敬されながら、大勢の人を指導できる人でなければならない。

⑥強靱《きょうじん》な体力がなければならない。体力と英知を持った人でなければならない。

以上ですが、今なら、さらに、①に「将来、二カ国語以上の語学をマスターする」を加えたい。

学んだ人は、自分が強くなる。人生が豊かになる。

皆さんは、苦しんでいる人々の心が分かる指導者になってもらいたい。不幸な人を救っていける力のあるリーダーになってもらいたい。

そのために、今は、学ぶのです。

世界平和の大指導者を育てるのが、創価学園の使命なのです。

晴れ晴れと
　今日も努力の
　　勉学に
　君も挑戦
　　指導者なるため

寮・下宿生活が人格を育てる

さて、ダンテは、ボローニャ大学の学生時代、初めて故郷を離れて生活を送りました。

そして大学のそばにある簡素な施設で、十数人の学生と一緒に「寮生活」をしていたとも言われています。

ダンテは大きな志を胸に抱《いだ》いて、見知らぬ土地、新しい環境に飛び込んでいった。ヨーロッパの各地から集い来た、優れた学者や学友と出会い、若きダンテは人間的にも大きく成長していったようです。

四十年前（一九六八年）の四月、私は、東京校の栄光寮を訪れ、一期生に根本の精神を語り伝えました。

「先輩は後輩を、弟のように可愛がり、後輩は先輩を、兄のように尊敬していくという、麗《うるわ》しい気風で進んでほしい」

「日本一、世界一の寮にしていこう！」と。

青春時代の労苦は、無上の栄光です。

とくに、良き学友と切磋琢磨し合う「寮生活」「下宿生活」の意義は大きい。

それは日々の学問とともに、かけがえのない人格錬磨の道場です。

この点については、トインビー博士とも語り合いました。

私も訪問しましたが、博士夫妻の母校であるオックスフォードやケンブリッジなど、「世界の指導者」を育成する名門校は、いずれも「学寮」を重視していました。

私も青春時代、下宿生活をしました。

それは、お仕《つか》えする師匠・戸田先生の事業が最も大変な時代でもありました。

親元を離れた皆さん方の苦労は、痛いほど、よく分かります。

わが学園には、日本全国から、さらに海外からも英才が学びに来てくれている。

お腹をすかせてはいないか、風邪をひいていないか、何か困っていることはないか……。

いつでも、どこにいても、私と妻の心から、皆さん方のことは離れません。

この創立者の心を心として、寮生、下宿生の皆さん方を支え、護り、励ましてくださっている、すべての方々に、この場をお借りして、厚く厚く感謝申し上げたい。

金星の如く輝け

関西校の男子同窓生の集いである「金星会《きんせいかい》」(当時)は、今春(二〇〇八年)で約五千人の「正義」と「友情」の連帯となりました。

十三年前(一九九五年)には、関西校の金星寮を訪れました。

真っ先に寮の管理者をされていたご夫妻にあいさつをしました。「寮生は私の宝ですから、くれぐれもよろしくお願いします」と。ご夫妻は懸命に寮生のために尽くしてくださいました。

真新しい畳《たたみ》が敷かれた「金誓《きんせい》の間」。

そこに入ると、寮生たちが待っていてくれた。

「どんな時代、どんな立場になろうとも、君よ、金星の如く光り輝き、社会を照らし、友を照らす存在であれ!」

皆、私の呼びかけに元気いっぱいの返事で応《こた》えてくれました。どの瞳も、すがすがしい決意に燃えていたことが忘れられません。

実は、ダンテも『神曲』の中で、金星について記しています。彼にとって星は「希望」の象徴でした。ダンテは、天高く金星を仰《あお》ぎつつ、困難な旅路《たびじ》を勇敢に進んでいったのです。

寮生たちとの語らいを終え、私は寮の様子を視察しました。

ある部屋の前を通ると、「池田先生ありがとうございます!!」と筆字で書かれた、手づくりの横断幕が掲げられていました。大学ノートをつないだものだったから、時間のない中、寮生が真心込めて作ってくれたのでしょう。

私は、その心がうれしくて、横断幕の余白の部分に、「謝謝《シエシエ》!!」(=中国語で「ありがとうございました」)と赤ペンで返礼の言葉を綴りました。

その晩に行われた懇親会では、寮生・下宿生の皆さんと夕食をともにしました。私は、皆の健康と成長を祈りつつ、関西ゆかりの師弟の曲〝大楠公《だいなんこう》〟や「荒城《こうじょう》の月」「熱原《あつはら》の三烈士《さんれつし》」をピアノで弾き、贈りました。

尊敬できる よき友を

ダンテは、同世代の友と寝食《しんしょく》をともにし、夢を語り合い、深き友情を結び広げていった。

友人が大切です。どんなに社会で偉くなっても、心から分かり合える友のいない人は不幸だ。

また友人と言っても、遊びだけのつき合いの人もいるだろうし、さまざまです。その中で、最高の友人とは、最高の主義主張で結ばれた人です。別の言葉で言えば、高い志を同じくする友人です。

中国に「患難見真知《ファンナンジエンチエンツ》（困難な時こそ、真の友が分かる）」との言葉があります。困った時に助けるのが友情です。順調な時はいいが、状況が悪くなると離れていくのは友情ではない。

皆さんは、どんな時も、一生涯、離れない、真の友情を結んでいってもらいたい。

私の人生の誇りは、ただ誠実の一点を貫いて、嵐に揺るがぬ友情を築いてきたことです。

「尊敬によってつくられた友情が真実で完全で永続的である」(『饗宴』上、中山昌樹訳、前掲『ダンテ全集』5所収)

これは、ダンテの友情観です。

尊敬できる、よき友を持つこと。そして、自分自身も尊敬に値する、よき友となっていくこと。

ここに、誇り高き青春の名曲が奏《かな》でられていくのです。

暴力は絶対に許さない

私と妻が出会いを重ねた、アメリカの「人権の母」ローザ・パークスさんは、お母さんからの教えを一生涯の指針とされていました。

それは、「自尊心を持ちなさい。人から尊敬される人間になり、また、人を尊敬していきなさい」ということです。

パークスさんは、「人間の尊厳」を守るために命を懸けて戦いました。

人を見下したり、いじめたり、侮辱《ぶじょく》して、相手を苦しめることは、暴力にも等しい。

軽い気持ちでやったことが、取り返しのつかない深い傷を与えることだってある。

わが創価学園は、絶対に暴力否定です。いじめも断じて許さない。

互いの尊敬と信頼と励まし合いで結ばれた、世界一、美しい友情の城です。

この尊い伝統を確固と受け継ぎながら、さらに賢く朗らかに前進していってください。

ダンテは、数学の「ピタゴラスの定理」で有名な、古代ギリシャの哲学者ピタゴラスの言葉を大切にしていました。

それは、「友情において、多くのものが一つにせられる」（『饗宴』下、中山昌樹訳、同全集6所収）という一言です。

このピタゴラスが活躍したシチリアの天地に立つ、イタリアの名門パレルモ大学とも、私は深い交流を結び、「名誉コミュニケーション学博士号」を拝受しました。

私が世界に開いた「友情の道」を受け継ぐのは学園生の君たちです。

そのためにも、今は、語学にも大いに挑戦し、平和と正義の「友情の大連帯」を世界中に広げていってください。

学園は
一生涯の
宝の連帯

大雄弁の指導者に

青春時代の読書、そしてボローニャ大学での二年におよぶ研鑽は、ダンテの人格形成と文学の大きな土台となりました。

それは真理と真実の探究の日々でありました。

真実を見つめ求める青年は、虚偽を許さない。

「悪魔は嘘つき、嘘の父親《てておや》」（前掲、平川祐弘訳）とは、ダンテの『神曲』の一節です。卑劣《ひれつ》な嘘は悪魔の所業であるとの洞察《どうさつ》です。

「真理に対する愛と、および虚偽に対する憎悪《ぞうお》とにおいて、反駁《はんばく》しよう」（前掲『水陸論』）――ダンテの胸には、この烈々たる情熱が燃え盛っていたのです。

ゆえに、ダンテは、誰にも負けない「言論の力」を鍛え上げていきました。

「ダンテは並はずれて雄弁であった」と讃嘆《さんたん》されている。その弁論には、悪人の気力さえも削ぎ落とすほどの力があったとも言われています（R・W・B・ルイス『ダンテ』三好みゆき訳、岩波書店。引用・参照）。

この研《と》ぎ澄《す》まされた英知と雄弁の力で、ダンテは信頼を勝ち取り、三十代で、大都市フィレンツェの最高指導者となっていきました。

この点、東京校の「創価雄弁会」、関西校の「ディベート部」をはじめ、学園生の「英知の力」「雄弁の力」「文筆の力」は、日本随一です。

今、世界でも、若い雄弁の指導者が台頭しています。

青年の時代です。そして学園生の世紀です。

「自分の信条を堂々と述べ、正義のためには、勇気をもって実行する」

これが、わが学園の誉れの校訓の一つです。

「学園生よ、ダンテの如く大雄弁の指導者と育て！」と、私は強く申し上げておきたい。

弁論は
　世界に平和を
　　打ち立てる
　　最も正しき
　　法理なるかな

使命の山を登りゆけ　負けじ魂ここにあり

奇跡の連帯・蛍会《ほたるかい》

万葉の里・交野の天地に広がる、わが関西創価学園は、「蛍《ほたる》」が飛び交《か》うロマンの城です。

私の提案に応えて、関西学園の友が情熱を傾けて育ててきた蛍が、最初に夜空に舞ったのは、二十九年前（一九七九年）の五月のことでした。

この蛍をはじめ、東西の学園では、桜、蓮《はす》、鯉《こい》、白鳥《はくちょう》など、さまざまな自然の命が大切に保護されています。

関係者の皆様の尽力に心から感謝申し上げます。

私は、関西学園の女子同窓生の集いを「蛍会《ほたるかい》」（当時）と命名しました。

現在、「蛍会」の友は約六千人。（＝金星会と蛍会は「金星・蛍会」となり、二〇二四年現在、約一万七千人）

美しき「誓い」と「励まし」で結ばれた「奇跡の連帯」となりました。

私は本当にうれしい。

蛍会
　一人ももれなく
　　幸光《さち》れ

実はダンテの『神曲』にも、夕暮れ時、農夫が蛍を見つめる光景が詩情豊かに描かれています。

きっとダンテも少年時代、フィレンツェの森に舞う蛍を見つめ、詩心を膨《ふく》らませたのでしょう。

蛍は、平和と共生の象徴でもあります。

「世界は、そのうちに正義が最も有力であるときに、最も善《よ》く傾向づけられてある」

（『帝政論』中山昌樹訳、前掲『ダンテ全集』8所収）

ダンテの獅子吼《ししく》です。

この世界を、平和の方向へ、幸福の方向へ、繁栄の方向へ、調和の方向へと前進させていくためには、正義が厳然たる力を持たねばならない。これがダンテの一つの結論であった。

では、正義が力を持つためには、どうすればよいのか。

それは、一人でも多く、力ある正義の人を育てることです。

その使命を厳として担い立つ「教育の大城」こそ、わが創価学園なのです。

幸福と
平和の土台の
学園城

ミケランジェロもダンテに共感

ダンテが心から愛した故郷フィレンツェは、ルネサンスの文化が花開いた「芸術の都」として世界的に有名です。

光栄なことに、このフィレンツェ市から私は、最高栄誉の「平和の印章」等をお受けしています。

授章式は、フィレンツェ市の由緒あるヴェッキオ宮殿（市庁舎）で行われました。

同宮殿内の「五百人広間」には、ルネサンスの大芸術家ミケランジェロが創作した凛々《りり》しき青年の彫像「勝利」が設置されています。

ミケランジェロも、二百年前の先哲ダンテの文学に啓発された一人です。

熱血の彼は、横暴な権力悪を許さぬダンテの強き魂に共感を抱き、よく論じていたという。

ミケランジェロの傑作である「最後の審判」の壁画は、ダンテの『神曲』から影響を受けています。

ダンテの文学は、ルネサンスの文化を発展させゆく大いなる原動力ともなりました。

為政者は人民のために

ダンテが生きた当時のフィレンツェは、ヨーロッパで最も人口の多い都市の一つでした。

フィオリーノ金貨が鋳造《ちゅうぞう》され、経済の中心としても、堂々たる興隆を誇っていた。

そのフィレンツェの哲人政治家としてダンテが登場したのは、三十歳の年です。

そして、その五年後には、最高指導者の一人に選出されています。

ダンテの胸には「正しき政治」「正義の社会」の理想が明確に思い描かれていました。

「市民は執政官（＝政治家）達のためにでなしに、また人民の王のためでなくて、逆に、執政官達は市民のために、王は人民のために存在する」（同前）と。

為政者のために人民がいるのではない。

人民のために為政者がいるのだ。

この「何のため」という一切の原点を見定めていたのが、ダンテです。

だから強かった。

ダンテは、古代ギリシャの大哲学者アリストテレスの英知を学びました。

その言葉を通して厳然と主張しています。

「邪曲《じゃきょく》な政治の下《もと》にあっては善人は悪《あ》しき市民である」（同前）と。

悪い権力、悪い政治のもとでは、善人こそが悪人にされてしまうというのです。

この狂った悲劇が、残念ながら、人間社会では際限なく繰り返されてきました。

そして、まったく同じ事態が、ダンテにも襲いかかったのです。

ダンテが最愛の人々との死別に続いて直面した、二つ目の苦難が、ここにありました。

その過程を簡潔に見ておきましょう。

事実無根の罪

絶大な権力を持っていた、時のローマ教皇ボニファチオ八世らは、美しき都市フィレンツェを自らの勢力下に収めようと狙っていました。

この宗教権力者の一党は、自分に従うフィレンツェの勢力と結託し、謀略《ぼうりゃく》をもって、フィレンツェを乗っ取ろうとしたのです。

そして、彼らの攻撃の標的にされた一人が、ダンテであった。

ダンテは、「わが故郷のために！」「愛する祖国の自治と独立のために！」と断固たる闘志を燃え上がらせて、故郷を支配しようとする勢力の動きに、頑強に反対し、抵抗したからです。

そこで、ダンテが公務でフィレンツェを離れている間に、権力を掌握《しょうあく》した政敵たちは「欠席裁判」を行った。

そして事実無根の罪をでっち上げた。

彼らは、「ダンテは公金を横領した」「教皇庁に対する陰謀を企《くわだ》てた」などという罪状を並べ立てたと言われている。

しかし、すべてが濡《ぬ》れ衣《ぎぬ》であった。

ダンテを陥《おとし》いれようとする「冤罪《えんざい》」であった。

「陰謀を企てた」のは、ダンテを無き者にしようとする敵のほうだったのです。

これが正義の人を陥れる手口です。

仏典では、陰謀の悪人に対して、「確かな証人を出せ！　もし証拠がないというならば、自分が犯した罪をなすりつけようとしているのだ。糾明《きゅうめい》すれば分かることだ」（新八七一ページ・全一八一ページ）と呵責《かしゃく》されています。

ダンテは「国外追放」されました。

戻れば「火あぶり」にされるという。

誰よりも、フィレンツェを愛し、フィレンツェのために戦い続けてきたダンテは、言われなき罪人の汚名を着せられて、フィレンツェを追い出されました。

そして五十六歳の死まで、二度と故郷の土を踏むことなく、受難の生涯を送ったのです。

正義とは何か？

ダンテは、苦難の嵐の中で、人間の根本問題を真正面から見つめました。

「なぜ、この世界では悪人がもてはやされ、わがもの顔で、のさばっているのか？」

「一体、人の世に『正義』はあるのか？」

「人道——人として歩む道は、どこにあるのか?」
自分自身が迫害に遭《あ》ったからこそ、その思索は計り知れないほど深まったのです。
正義とは、何でしょうか。
人間にとって、正しい道、正しい生き方とは、どのような生き方なのでしょうか。
これは、本当に重要な問題です。また難しい問題です。
例えば、第二次世界大戦中、日本では、戦争に反対すれば、「犯罪者」とされました。
しかし、敗戦後には、戦争に反対した人が、「正義」と賞讃される時代が来た。
何が正しいのか。何が間違っているのか。真実は、どこにあるのか。
表面的な世評などに流されては、あまりに愚かであり、不幸です。
物事の奥底《おうてい》を見抜いていく「英知の眼《め》」を磨いていかなければならないのです。

民衆の側に立て

かつて私は、東京校二期生の卒業のはなむけとして、次のように語りました。

〝皆さんには、正義の人になってもらいたい。具体的に言えば、悩める人、苦しんでいる人、不幸な人の味方となってほしいのです〟

〝将来、どのような地位につこうとも、庶民の側に立ち、人間生命の尊厳を守りゆく人であっていただきたい〟と。

ダンテもまた、「権力の側」ではなく、「民衆の側」につきました。

「人が苦しもうが、どうでもいい」「事を荒立てたくない」と思って静かにしていれば、弾圧などされなかったでしょう。

しかし、ダンテは、「人民のため」との信念を曲げなかった。わが正義に生きた。正義であるがゆえに、迫害される――。

これが歴史です。これが現実です。

ゆえに、重ねて申し上げたい。「正しい眼」を磨き、「強い心」をつくっていかなければならないのです。

私は、創価大学で、「迫害と人生」と題して講演を行ったことがあります（一九八一年〈昭和五十六年〉十月三十一日。「歴史と人物を考察」、『池田大作全集』第1巻収録）。

そこで私は、さまざまな中傷、迫害と戦った人物――菅原道真《すがわらのみちざね》、屈原《くつげん》、ユゴーら東西の詩人、思想家ルソー、画家セザンヌらの生涯に言及しました。

とくに、悪い政治権力と悪い宗教権力は、結託して、正義の人を弾圧する。創価教育の創始者である、牧口常三郎先生と戸田城聖先生を苦しめた迫害の構図も同じでした。

お二人の不二の弟子であるがゆえに、私も同じ難を受けてきました。

しかし私は、「戸田大学」に学んだ師子《しし》です。ゆえに何があっても絶対に負けない。また私には、愛する青年たちがいます。学園生がいます。ゆえに何があろうとも必ず勝たねばならないのです。

「学園生は　どうするのですか?」

私は、創価の友に贈った詩の中で次のように綴りました。

ある日　ある時
ふと　私は妻に漏らした
「嫉妬《しっと》うず巻く日本を去ろう
世界が待っているから」

その時　妻は
微笑《ほほえ》んで言った
「あなたには　学園生がいます
学園生は　どうするのですか？
きっと　寂しがりますよ」
そうだ！
そうだ　学園がある！
未来の生命たる
学園生がいる！

君たちのためなら
私は
いかなる迫害も
いかなる中傷も
いかなる試練も
まったく眼中にない

（『池田大作全集』第43巻収録）

このように詩に詠《よ》んだ私の思いは、今も何ら変わることはありません。

負けじ魂ここにあり！

三十年前の夏、学園生の皆が、創大生とともに、「負けじ魂ここにあり」というテーマを掲げて、私を迎えてくれたことがありました（一九七八年〈昭和五十三年〉七月十四日の第十一回栄光祭）。

「『負けじ魂ここにあり』――何と素晴らしいテーマか」

私は感動しました。

その後、「負けじ魂」の精神を歌い上げる愛唱歌をつくろうと、学園生は話し合いを重ねたようです。

その年の秋、皆でつくった歌詞を、私のもとに届けてくれました。

ちょうど私は、錦秋《きんしゅう》の関西創価学園にいました。

ここで歌詞を推敲《すいこう》し、一番から三番までが完成したのです。

桜の舞いゆく　春の陽《ひ》に
友とかけゆく　この天地
世紀を語る　笑顔には
負けじ魂　かがやけり

燃ゆる陽《ひ》ざしに　汗光り
進め我が君　この道を
胸うつ響き　紅顔《こうがん》に
負けじ魂　ここにあり

烈風りりしく　身にうけて
未来の鼓動は　この生命《いのち》
喜び踊れ　丈夫《ますらお》は
負けじ魂　我が胸に

大いなる期待を込めて、四番の歌詞は、私がつくって贈りました。

母よ我が師よ　忘れまじ
苦難とロマンを　この我は

いつか登らん　王者の山を
負けじ魂　いつまでも

皆さんは、前途に何が起ころうとも、決して焦る必要もなければ、恐れる必要もない。「負けじ魂の人」には、乗り越えられない試練など絶対にないのです。いつか登らん、王者の山を！——そう歯を食いしばって、今は、耐えに耐えて頑張るのです。

人生の最後に勝つ人が本当の勝利者です。私は、学園生とともに、あらゆる難を勝ち越えて、一点の悔《く》いもない完勝の証《あか》しを、全世界に示し切ってきました。そのことは、皆さん方のお父さん、お母さんが、よくご存じの通りです。

（＝二〇〇九年三月、創立者は「負けじ魂ここにあり」に新たに五番の歌詞を贈った。

正義の誇りに　胸を張れ
君に託さん　この大城《しろ》を

学べ勝ち抜け　世界まで
負けじ魂　朗らかに

同月十六日、東京校と関西校を中継で結んでの卒業式で、東西の学園生が創立者とともに五番まで合唱した）

苦難と戦うダンテには、先達と言うべき存在がいました。

古代ローマの政治指導者であった哲学者ボエティウスです。

彼は、正義のために断固として戦った。ゆえに俗悪な政治家たちから妬《ねた》まれ、憎《にく》まれた。そして、不当にも投獄され、処刑された。

この哲人が獄中で書き残した『哲学の慰《なぐさ》め』を、ダンテは、若き日から愛読していました。

そこには、毅然《きぜん》たる正義の魂の叫びが刻まれ、留められていました。

「悪人どもがどんなにあばれても、賢者の額《ひたい》を飾る月桂冠《げっけいかん》は、落ちることもしおれることもないでしょう」（「哲学の慰め」渡辺義雄訳、『世界古典文学全集』26所収、筑摩書房）

知性の勝利の象徴である「月桂冠」は、いかなる悪口罵詈《あっくめり》にも、汚《けが》されることはない。

否《いな》、非難されればされるほど、いやまして光り輝くのです。

悪に反撃する強さを持て!

祖国を追われたダンテは、多くのものを失いました。社会的地位。名声。財産。故郷……。


しかし、すべてを奪われたのではなかった。

どんな権力も、彼から奪えないものがあった。

追放されたダンテは、「一番大切なもの」を握りしめていた。

それは、「正義は我にあり!」という燃えるような「信」です。

そして、「正義がないというのなら、私が正義を明らかにするのだ!」という執念であったのではないだろうか。

そのダンテが、全身全霊を捧げて取り組んだ作品が『神曲』だったのです。

『神曲』をはじめ、ダンテの名著の多くは、二十年間の亡命の時期に書かれたものです。そこには、力強い考察と言葉が、ほとばしっています。

ダンテは「善き事に対して悪しき証言を為すものは、誉れでなくて汚辱《おじょく》を受くべきであろう」（前掲『饗宴』下）と綴っています。

彼は『神曲』の執筆によって、誰が見ても分かるように「正義の基準」を明確に打ち立て、悪い行いを次々と罰していきました。

そして、自らを不当に陥れた卑怯者たちに、自身の真価を見せつけていったのです。

正義なればこそ、悪に反撃する強さを持たねばならない。

ダンテの有名な詩には、こうあります。

「沈黙することは／その敵にわが身を結びつけるほどの卑しい／下劣さである」（『詩集』中山昌樹訳、前掲『ダンテ全集』4所収）

このダンテの炎のペンは、乱世の中で人々が迷うことがないように、歩むべき正しい道を照らしていきました。

「善人が下賤《げせん》な侮蔑《ぶべつ》に置かれ、悪人が崇《あが》められ、高められた」「わたしは、悪しき路《みち》を辿《たど》りゆく人々にむかい、正しき径《みち》に向けられ得るよう、叫ぼうと企てた」（前掲『饗宴』下）と。

わが故郷は世界！

亡命の間、ダンテのもとには、故郷フィレンツェから、「金銭を払う」などの屈辱《くつじょく》的な条件に従えば、帰国を許すとの提案がなされました。

しかしダンテは断固、二度にわたって拒絶したという。

「汚名を被《かぶ》らされながら、汚名を被らしたものらに対して、おのが（＝自分の）金銭を払うこと」は、「正義の宣伝者の思いもよらぬところ」（『書翰集』中山昌樹訳、同全集8所収）であると。

正義の人ダンテには、自らを迫害した者たちの誘惑に負け、屈服するような卑しい弱さは、微塵《みじん》もなかった。

ダンテは語った。

「太陽や星の光を仰ぐことは私にはどこにいてもできるではないか。名誉を奪われた、屈辱的な恰好《かっこう》で、故国の前に、フィレンツェ市民の前に姿を現わさずとも、天下いたるところで甘美な真理について冥想《めいそう》することは私にはできるではないか」（『神曲』平川祐弘訳、『世界文学全集』2所収、河出書房新社の訳注から）

彼はもはや、故郷に戻る、戻らないといった次元を超越していました。

この大宇宙のいずこにあろうとも、正義を貫く自分自身に変わりはない。

「故郷」を追放されたダンテは、「世界」をわが故郷としました。

不当に迫害されたダンテは、大きく境涯を広げ、自由自在の世界市民として飛翔していったのです。

ダンテが青春時代から深く学んでいた、大詩人ウェルギリウスの詩が思い出されます。

「傲慢《ごうまん》な者とは最後まで戦い抜くことだ」（『アエネーイス』岡道男・高橋宏幸訳、京都大学学術出版会）

苦しくも
　勝利の春は
　　君待たむ

一流の人は「へこたれない」「妬まない」

私が友情を結んできた多くの世界の一流の方々も、過酷な迫害に遭いながら、強い正義の信念で打ち勝ってこられました。

〝人類の頭脳〟と言われるローマ・クラブの創立者、イタリアのペッチェイ博士は、凶悪なファシズムに囚《とら》われ、拷問《ごうもん》されても、断じて同志を裏切らなかった。

南アフリカのマンデラ前大統領は、悪名高きアパルトヘイト（人種隔離政策）と戦い、実に二十七年半――一万日におよぶ獄中闘争に勝利された。

アメリカの人権の母パークスさんは、不当な逮捕にも屈せず、人種差別の撤廃のために戦い続けた。

ロシアの児童劇場の母サーツさんは、独裁者の粛清によって最愛の夫を殺され、自らもシベリアの収容所に囚われた。その極寒の牢獄の中で、子どもたちのための劇場の建設を決意されました。

さらに、軍事政権と戦い、外国への亡命生活の中でも正義のペンの闘争を貫いた、ブラジル文学アカデミーのアタイデ総裁。

多くの民衆の命を奪った軍事政権と戦い、残酷な仕打ちに耐え抜いた、アルゼンチンの人権の闘士エスキベル博士。

中国の文豪・巴金《ぱきん》先生は、文化大革命の渦中、「牛小屋」と呼ばれる監獄に入れられ、責め抜かれた。しかし、その獄中で、ダンテの『神曲』を筆写しながら、歯を食いしばって、一切を耐え忍ばれたのです。

巴金先生の胸奥《きょうおう》には、ダンテの如く、いつの日か正邪を必ず明らかにしてみせるとの闘魂が燃え上がっていた。そのことを、私は血涙《けつるい》を流す思いで、うかがったことがあります。

皆、「自分との闘い」に勝った人です。たとえ悪口《あっこう》され、圧迫されても、何度でも立ち上がって、一生涯、挑戦し続けた人です。

一流の人格の指導者は、決して「へこたれない」。また、「人を妬まない」。

前へ進む人、成長し続ける人には、他人を妬んでいる暇などありません。人を嫉妬するのは、自分が前に進んでいない証拠です。成長していない証拠なのです。

ダンテは、苦難をバネにして、「汝自身《なんじ》」を大きく育てていきました。「わが道」を前へ前へ進んでいきました。

きっとダンテは、「あの嫉妬深い悪人どものおかげで、わが使命の執筆ができるのだ!」と、敵を悠然と見おろしながら、「大きな心」で前進していったに違いありません。

大難に遭い、大難に勝つ正義の人生は、不滅の歴史を刻み、人類から永遠の喝采を受ける。

一方、正義の人を迫害した悪人どもは、永久に消えない汚名を残すのである。

わが学園生には、正義の「勝利の旗」を未来永遠に打ち立てゆく、「栄光の使命」があると申し上げたい。

友に尽くす行動は永遠に朽《く》ちない

名声や財産は　はかない風の一吹《ひとふ》き

天空を真っ赤に染め上げていく夕日。

「君よ、あなたよ、わが命を燃やし、一日一日を悔いなく学び、生きよ！」と語りかけているようです。

一九九一年（平成三年）の十月十八日。

私は、関西創価学園での友好交歓会に出席しました。

夕方には、通学生・寮生・下宿生の代表と懇親会を行いました。

この時です。

それはそれは素晴らしい夕日が会場の外を照らしました。私は窓際に立って、その光彩をカメラに収めました。

荘厳《そうごん》な夕日は、明日の晴天を約束するとも言われる。関西の交野も枚方《ひらかた》も、東京の武蔵野《むさしの》も八王子も、本当に夕焼けが美しい。

仏典には「未来の果を知らんと欲せば、その現在の因を見よ」(新一一二ページ・全二三一ページ)とあります。わが学園生、創大生、短大生の現在の努力が、未来の栄光を開くのです。

私にとって、『神曲』は、青春の座右の一書でした。

若き日に
　最初に読みし
　　ダンテかな
　おお 神曲の
　　正義の戦《いくさ》よ

ダンテは自ら『神曲』について語りました。

「作品の目的は、人びとを今陥《おちい》っている悲惨な状況から遠ざけ、幸福な状態へと導

ダンテ『神曲』（ボローニャ学派風書体の写本、14世紀ごろ）　©Seikyo Shimbun

くことにあるのです」（マリーナ・マリエッティ『ダンテ』藤谷道夫訳、白水社）と。

目的は明快です。

「人間の幸福」です。

だからこそ一人でも多くの人に伝えたい――。

ゆえにダンテは、当時のエリートの言葉である「ラテン語」ではなく、民衆の日常の話し言葉である「イタリア語（トスカナ語）」で、『神曲』を書きました。

すべては「人間の幸福」のためにある。

このことを、狂った軍国主義の時代に勇敢に叫び切った師子王《ししおう》が、牧口先生であり、戸田先生でした。

ここに創価教育の原点があります。

人々の幸福を願って書かれた『神曲』は、一体、どのようにして物語が進んでいくのか。

実は、『神曲』は、その多くが「師弟の旅」として描かれています。

師とは、古代ローマの大詩人ウェルギリウス。

弟子とは、イタリアの青年詩人ダンテ。

時を超えて結ばれた、この師弟が、まず地中にある「地獄」の世界を下へ下へと降りていきます。

次に、地上に出て、そびえ立つ「煉獄《れんごく》」という世界を見聞《けんぶん》します。

さらにダンテは、天上の「天国」の世界にも飛翔して、旅を続けるという構成になっています。

大宇宙の高みに至ったダンテは、地上の一切の権力を悠然と見おろしていました。

彼にとっては、この世の名聞名利など、はかない「風の一吹《ひとふ》き」（前掲『神曲』平川祐弘訳）に過ぎなかった。
だから逆風も恐れませんでした。

君と僕
　富士を仰ぎて
　　堂々と
正義の大道
　　愉快に歩めや

いかに生きたか　何を為したのか

『神曲』に描かれた世界は、いずれも、亡くなった人々が行く「死後の世界」です。
そこでは、生前のいかなる権力も、財産も、名声も、まったく関係ない。

身を飾る「虚飾」は、ことごとく剝《は》がされて、人間としての「真実」「本質」が明らかにされていく。

「いかに生きてきたのか」「何を為してきたのか」――ただそれだけが、ダンテの考える「正義」に則って、厳格に裁かれます。そして、次の三つの場所にふるい分けられるのです。

地獄界は、永劫《えいごう》に罪悪を罰せられる世界です。

煉獄界（＝浄罪界）は、過酷な責め苦を経て、罪を浄化する世界です。

天国界（＝天堂界）は、光と音楽に満ちた、正義と慈悲の世界です。

ダンテは、この三つの世界の旅を終えて、生の世界に戻り、死後の世界の実像を人類に伝えるために『神曲』を書いた。そういう設定になっているのです。

ダンテが描き出した「地獄」の様相が、どれほど凄《すさ》まじいか。

日本の歌人として有名な与謝野晶子《よさのあきこ》は、こんな一首を残しました。

「一人居《い》て　ほと息つきぬ　神曲の　地獄の巻に　われを見出《みい》でず」（「太陽と薔薇」、『與謝野晶子全集』3所収、文泉堂出版）

少し難しい表現かもしれませんが、歌の意味は、こうです。『神曲』の地獄篇を読み通して、その地獄の中に〝自分がいなかった〟ことに、ほっと安堵《あんど》の息をついたというのです。

いわんや、仏典には、「もし仏が、無間《むけん》地獄の苦しみを詳しく説いたならば、人はこれを聞いて、血を吐《は》いて死んでしまうだろう」（新四八八ページ・全四四七ページ、通解）とあります。

それほど生命を貫く因果は厳しいのです。

『神曲』では、さまざまな罪悪が罰せられています。

例えば、「傍観《ぼうかん》」の罪があります。

「地獄の門」を入ると、絶え間なく虻《あぶ》などに刺されて、泣きながら走り回る者たちがいます。

それは、生きている間、中途半端で生ぬるい生き方をしたため、死後、絶え間なく苦痛の刺激を受け、動き続けなければいけないという象徴なのです。

彼らには、あえて厳しい断罪の言葉が投げつけられる。

「これこそ、恥《はじ》もなく、誉《ほまれ》もなく、凡凡《ぼんぼん》と世に生きた者たちの、なさけない魂のみじめな姿」（『神曲』1、寿岳文章訳、集英社）
「本当に人生を生きたことのない馬鹿者ども」
「慈悲も正義も奴らを馬鹿にする」（前掲『神曲』平川祐弘訳）と。

「暴力」「偽善」「中傷」「忘恩」を断罪

さらに、「貪欲」の罪、「暴力」の罪、「偽善」の罪、「中傷分裂」の罪などが罰せられている。

では、ダンテが描いた地獄の最も底で、厳しく罰せられている罪悪は何か。

それは「裏切り」です。中でも、「恩人に対する裏切り」は最も罪が重い。

地獄の底――「わずかの熱」も「救いの光」もない暗黒の絶望の世界で、「氷漬け」にされている。

ダンテは、恩人を裏切る卑劣な「冷酷さ」を何よりも憎み、「氷」の冷たさで表現したのです。

そして、悪魔の大王に、裏切り者が全身を噛み砕かれている姿を描いています。

ダンテは綴ります。

「裏切者はみな未来永劫にわたり／呵責にさいなまれている」（同前）

忘恩の裏切りは、人間として最悪の罪の一つである。これは、古今東西を問わず、一致する結論であることを、聡明な皆さんは心に留めておいてください。

『神曲』の世界では、さまざまな登場人物が、自分自身の振る舞いに応じて、居場所を定められています。

卑劣な悪行があれば、それに見合った罰が下っている。ダンテは、峻厳《しゅんげん》な「因果の法則」を見つめていたのです。

自分が行ったこと（＝原因）は、良きにつけ、悪しきにつけ、必ず自分自身に返る（＝結果）。

「悪人は必ず厳しく裁かれる」

「善人は絶対に正しく報《むく》われる」

生死を貫く、そうした「因果の法則」から、いかなる人も逃れることはできない。

これが、ダンテの達観でした。

その因果の実像を、文学の世界で表現したのが、『神曲』なのです。

『神曲』では、有名か無名かにかかわらず、善い行いをした人間は、高い位に位置付けています。

一方、地位の高い政治家や坊主で、その立場を乱用して、悪事をなした者は、容赦なく裁かれています。

「上に立つ人の行ないの悪さこそが 世界が陰険邪悪となったことの原因なのだ」（同前）と。

ゆえに『神曲』は、邪悪な権力者を厳しく責めている。

例えば、天国界で記されている「罪科帳《ざいかちょう》」には、「王たちの悪業の数々がすべて記入されてある」（同前）という。

また、腐敗の坊主の悪行に対しては、「いま一度怒りを心頭《しんとう》に発していただきたいのだ」（同前）と、広大な天国界が、真っ赤に染まるほど、激烈な怒りに燃える。

『神曲』の「天国」も、俗に言う「楽園」ではない。それは凄まじい「正義の怒り」のみなぎる世界なのです。

「死」を見つめてこそ「生」は輝く

アメリカの若き指導者ケネディ第三十五代大統領も、ダンテの文学を好んでいました。大統領は、ダンテの信条を通して、こう語っています。

「地獄で最も熱いところは、道徳にとって大変な危機の時代に臨んで優柔不断な姿勢をとる人間のためにあけてある」（『勇気ある人々』宮本喜一訳、英治出版の「序文」でロバート・F・ケネディ氏が紹介）と。

であるならば、正義が貶《おとし》められている時に、戦いもせずに傍観している者は、地獄の最も熱いところに行くということです。正義の戦いは、絶対に中途半端であってはならない。

ダンテの正義のペンは「火の筆」と言われるほど、徹底したものでした。

『神曲』では、先人がダンテを、こう戒《いまし》めています。

「おまえの叫びは、さながら疾風《しっぷう》のごとく鋭く、梢《こずえ》が高ければ高いほど激しく撃つがよい」（前掲『神曲』平川祐弘訳）

邪悪を諫《いさ》め、正すためには、相手の位（＝梢）が高ければ高いほど、強く鋭く撃て！

これが『神曲』に込められた正義の魂なのです。

実は、私は、ケネディ大統領からの要請もいただき、お会いする予定がありました。

しかし、日本の政治家から邪魔が入って、会見は中止になった。その後、大統領が亡くなってしまったのです。

もしも会見が実現していれば、ダンテの文学についても語り合えたかもしれません。

後に、弟であるエドワード・ケネディ上院議員が、お兄さんに代わって、わざわざ東京まで会いに来てくれました。

また、私が対談集を発刊した、世界的な経済学者のガルブレイス博士も、ケネディ大統領を支えた一人でした。

ともに敬愛する大統領の信念を偲《しの》び、対談しました。

ガルブレイス博士は、私がハーバード大学で二度目の講演を行った時にも、深い共鳴の講評を寄せてくださった方です。

私は、このハーバード大学の講演で、人間の「生」と「死」を一つのテーマに据えました。

それは、なぜか。

「生」と「死」を正しく見つめることを忘れ、「生命の尊厳」を見失ってしまえば、社会は混乱するからです。

正しい生命観の上にこそ、平和も築かれる。「死」を見つめてこそ「生」もまた輝く——そのことを私は、現代文明の最先端のハーバード大学で訴えたのです。

幸い講演には、大学関係者や研究者の方々から予想を超えた反響をいただきました。

時を惜しめ！「今日」は二度とない

ダンテもまた、自らの哲学書『饗宴《きょうえん》』の中でこう述べています。

「すべての非道のうち、最も愚かにして、最も賤《いや》しむべく、また最も有害なものは、この世の後に他の世がないと信ずるものである」（前掲『饗宴』上）と。

つまり、死ねばすべて終わりで、何も無くなると信じることほど、愚かで、賤しく、有害なものはないというのです。

これが、さまざまな書物をひもとき、思索し、探究したダンテの一つの結論でした。

ダンテは、何よりも、「この現実の世界で、よりよく生き抜くため」に、生死を見つめ、『神曲』を書いたのです。

『神曲』の中で、師匠のウェルギリウスがダンテに繰り返し教えたことは何であったか。

それは「時を惜しめ」ということでした。

「いいか、今日という日はもう二度とないのだぞ！」（前掲『神曲』平川祐弘訳）と。

この師弟の心が、私にはよく分かります。

終戦後、私は、戸田先生のもとで学び、働き始めました。

肺病で、いつ死ぬかも分からない体でした。

三十歳までは生きられないと医者から言われたこともあります。

だからこそ一日一日を、一瞬一瞬を、悔いなく懸命に生きました。

たとえ今日倒れても、もしも明日死んでも、かまわない――その決心で、戸田先生のため、人々のため、社会のために、死にものぐるいで働きました。

限りある人生の時間の中で、友に尽くし、わが命を磨きに磨き、死によっても壊されない「永遠に価値あるもの」を求め抜いていきました。

こうして、戸田先生に薫陶《くんとう》いただいた青春の十年間は、私の人生のすべての土台となる「黄金の十年」となったのです。

皆さんも、わが学園で断じて学び抜き、体も心も鍛え抜いて、悔いなき黄金の一日一日を勝ち取っていただきたいのです。

青春を
　我も勝ちたり
　　君も勝て

完全燃焼の「生」――わが学園生の中には、荘厳な生死のドラマを刻んで、「生きる」とは「戦う」ことであると、鮮やかに教え残してくれた若き英雄たちがいます。

それは一九八九年（平成元年）の十月のことでした。

私もよく知る東京校の一人の学園生が、「骨肉腫《こつにくしゅ》」と宣告されました。当時、高校一年生でした。

骨肉腫とは、骨の悪性腫瘍《しゅよう》です。

「骨肉腫」との診断から五カ月後でした。彼は、右足を太ももから切断しました。

それでも、弱音なんか吐かなかった。松葉杖で通学も再開しました。

夢は文学者になることでした。世界一の文学者に。そのために真剣に読書し、学びました。

肺に「転移」した後は、左肺を三度も切除手術。まさに死闘でした。

彼は、未来を見つめて頑張った。

――偉大な人は皆、大きな難に遭っていると、池田先生がおっしゃっている。僕は世界一の文学者になるのだから、今までの苦労なんて、先のことを考えたら、どうってことない――と。
私は闘病中の彼に、何度も励ましを伝え、次の揮毫《きごう》を贈りました。

生涯　希望
生涯　勇気
生涯　文学

卒業を四カ月後に控えた一九九一年（平成三年）の十一月。

創価女子短期大学の白鳥《はくちょう》体育館で、卒業記念の撮影会が行われました。

〝絶対に一緒に参加したい〟という同期の二十二期生たちの祈りに包まれて、彼は、勇んで入院先の病院から会場に駆けつけてくれた。

私は撮影会場で彼の姿を見つけると、まっすぐに、車椅子の彼のもとへ向かいました。

「よく来たね」

「はい、どうもありがとうございます」

がっちりと握手を交《か》わしました。

彼の両目から、大粒の涙があふれました。

きりっと胸を張った、学園生らしい立派な姿でした。

病魔から一歩も逃げないで戦い抜いた、美しい「勝利の涙」でした。

それから二週間後の十一月二十五日、彼は、安らかに息を引き取りました。

約二年間の闘病を越えて、霊山浄土《りょうぜんじょうど》へ旅立っていったのです。

希望とは何か？

ダンテは答えます。

「希望は未来の栄光を／疑念をさしはさまずに待つこと」（同前）と。

未来永遠の栄光に生きる者にとって、「絶望」の二字はありません。

わが友は、断じて負けなかった。

周囲に無限の「勇気」と「希望」と「決意」の炎を灯《とも》してくれた。不屈の青春の大叙事詩を綴ってくれたのです。

彼とともに学園生活を過ごしたクラスメートは、彼の姿を大切に胸に収めて、それぞれの立場で、立派な結果を示し始めています。

私の胸には、今も、「先生！　僕、絶対に勝利します！」という彼の生命の叫びが、生き生きと、こだましています。

これまで人生の途上で逝《ゆ》かれた、東西の学園生、創大生、短大生の皆さん方は、一人ももれなく私の胸の中に生きています。何があっても絶対に忘れません。

それが、創立者の心であることを皆さんに語っておきます。

健康第一で！

大切な大切な創価の友の健康を、無事故を、私は妻とともに、いつも真剣に祈っています。

今は病気の人も、決して弱気になってはいけない。何があっても強気で！　すべてに意味があるのです。

どんなことがあっても、微動だにしてはいけない。悠然と進むのだ。生命は永遠なんだから！

私とともに、断じて生き抜いて、勝ち抜いていただきたい。

誰人にも、自分にしかない、大きい使命があるのです。また元気になって、一緒に戦おう！

皆さんと私は、永遠の絆で結ばれた三世の同志なのです。

君たちの
名前を一生
　忘れまじ
私の心に
　栄光　眩《まばゆ》く

ダンテは、「予め《あらかじ》労苦し、後代《こうだい》のものらをして富《と》ましめ」（前掲『帝政論』）と語っています。

自分自身が苦労して、後に続く人々のために、豊かな精神の遺産を残しゆけというのです。

そのために、若き君たちは、今日も健康第一で、張り切って、学び抜いていただきたい。

「平和の世紀」を皆の手で

恩師の夢を残らず実現

ある時、学園生が私に質問をしました。

「池田先生の夢は何ですか?」

私は答えました。

「私の夢は、戸田先生の夢を実現することです」と。

戸田先生の弟子として私は、恩師の夢を一つ残らず実現してきました。師匠の正義と偉大さを叫び抜いてきました。

歴史上、偉大な仕事を残した多くの人は、若いころから、大きな夢に向かって挑戦しています。皆さんも、大きい夢を持つのです。偉大な夢を実現していくのです。

創価教育の学校をつくることも、戸田先生の夢でした。それは戸田先生の師匠である牧口先生の夢でもあった。

戸田先生は、若い私に言われました。

「牧口先生は、創価教育の学校の建設を私に託された。しかし、私の代でできなければ、大作、その時は頼むぞ」と。

その言葉の通り、私は、創価学園、創価大学、創価女子短大、そしてアメリカ創価大学を創立しました。

創価一貫教育の〝夢の城〟として、東京創価小学校と関西創価小学校も光っています。

牧口先生も戸田先生も、小学校の先生でしたから、創価小学校の現在の大発展を、それはそれは喜んでくださっているでしょう。

万歳と
　皆で叫ばむ
　　創価小
　未来の偉人よ
　　負けずに育てと

さらに、札幌創価幼稚園を出発点として、創価の幼児教育のネットワークは、香港《ホンコン》、シンガポール、マレーシア、韓国に広がっています。

　ブラジルにも、創価の学舎をつくりました。

　今、この創価の師弟の事業は、世界の人々から一段と大きな信頼を寄せられる時代に入りました。

ダンテが生まれたイタリアでも、牧口・戸田両先生の業績が大きく顕彰されています。

〝花の都〟フィレンツェの郊外に位置するカプライア・リミテ市には、「牧口常三郎平和公園」ができました。

イタリア中部のペルージャ県には「牧口常三郎通り」があります。

またイタリア南部のアブルッツォ州には「戸田城聖通り」が誕生。

フィレンツェの南西にあるチェルタルド市には「戸田城聖庭園」が開園しています。

戦時中、日本のファシズムと戦い、平和のため、民衆の幸福のために生涯を捧げた創価の師弟への讃嘆は、いよいよ大きくなっています。これもイタリアの同志の皆さんが師弟の真実を語り抜き、平和と友情の連帯を広げてくださっているおかげです。心から感謝申し上げたい。

（＝二〇二四年一月二十日、イタリア・フィレンツェ市とイタリア創価学会の共催による著者の追悼式が同市庁舎であるヴェッキオ宮殿の五百人広間で荘厳に執り行われた。四月には、著者の人権と人道の貢献を讃え、市議会の決議によりフィレンツェ市に「池田大作広場」が誕生した）

師匠は希望の太陽！

『神曲』で深く心を打たれるのは、壮絶な「地獄」と「煉獄」を踏破《とうは》し、「天国」へと向かう、ウェルギリウスとダンテの「師弟の絆」です。

「師弟」がなければ、破れない壁があります。

「師弟」でなければ、進めない道があります。

『神曲』の冒頭、人生の正しい道に迷い苦悩する若きダンテは、大詩人ウェルギリウスと出会いました。そして、師弟の旅に出発しゆく喜びを、弟子ダンテは、こう詠《うた》っています。

夜の寒さにうなだれしぼむ小さな花が、朝日の光を受けると勢よくおきあがり、茎《くき》の上に悉《ことごと》くひらくように、

私の萎《な》えた力も生色《せいしょく》を取りもどす。かくて、怖れを知らぬ勇気、わが心にみなぎり、

自由となった者のように、私は言い始める。

（前掲『神曲』1、寿岳文章訳）

さあ行きましょう、二人とも心は一つです、
あなたが先達、あなたが主君、あなたが師です
（前掲『神曲』平川祐弘訳）

師匠は、希望の太陽であり、勇気の泉です。
私が師匠・戸田先生に初めてお会いしたのは、皆さんとほぼ同じ年代の十九歳の時でした。
私も〝人生の師匠〟と出会えた感動を、その場で即興詩に詠んだことが思い出されます。

旅びとよ
いずこより来《きた》り
いずこへ往《ゆ》かんとするか
月は　沈みぬ
日　いまだ昇らず

夜明け前の混沌《カオス》に
光　もとめて
われ　進みゆく
心の　暗雲をはらわんと
嵐に動かぬ大樹求めて
われ　地より湧《わ》き出《い》でんとするか

（『池田大作全集』第144巻収録）

「何のため」を問え

師弟の出会いがあるところ、豊かな「詩」が生まれます。師弟の闘争があるところ、魂の旋律《せんりつ》とも言うべき偉大な「歌」が生まれます。

私もこれまで、わが学園生と、また愛する多くの青年たちと、幾多の歌をつくってきました。一つ一つに忘れ得ぬ歴史があります。

東京の学園校歌「草木《くさき》は萌《も》ゆる」は、武蔵野の四季を歌い、人生の根本の「問い」と「答え」を示した、本当に素晴らしい歌です。

一番では、「英知をみがくは　何のため」との問いかけに対し、「次代の世界を　担わんと」と、その目的が明快に記されている。

さらに「何のため」との問いが続き、〝社会の繁栄のため〟〝民衆の幸福のため〟〝世界の平和のため〟と高らかに歌われています。この歌は、目先の利害とか、小さな自分を超えて、「大いなる理想」に向かって前進していかんとする、学園生の誓いの歌です。

世の中には、初心を忘れ、お世話になった人の恩を忘れる人間もいる。それどころか、恩を仇《あだ》で返す人間さえいる。それは、慢心《まんしん》をおこし、ちっぽけな自分が中心となり、本来の目的を見失っているからだ。それでは堕落《だらく》の人生だ。

皆さんは、この学園で「何のため」と、わが胸に問いかけながら、一生涯、崩れることのない、人生の大目的を生命に焼き付けていってください。ここに創価学園の大精神があるからです。

校歌の五番の歌詞は私が贈りました。

富士が見えるぞ　武蔵野の
渓流清き《けいりゅうきよき》　鳳雛《ほうすう》の
平和をめざすは　何のため
輝く友の　道拓《ひら》く
未来に羽ばたけ　君と僕

私の人生の目的は、後に続く若き君たちの「道を拓く」ことです。そのために一切の苦難をはねのけて、平和と文化と教育の大道を全世界に広げてきました。

創価学園が開校した年である一九六八年の九月六日、学園のグラウンド開きで、凜々しき一期生五百人と初めて校歌（当時は寮歌）を歌って以来、四十年が経《た》ちました。今や、東京校の同窓生の集いである「鳳友会《ほうゆうかい》」「香友会《こうゆうかい》」の連帯は約一万四千人、

となりました。（＝「鳳友会〈香友会含む〉」は二〇二四年現在、約一万九千人）
「未来に羽ばたけ　君と僕」。私の胸には、いつも、君たち学園生がいます。

師弟共戦の歌

一方、私の提案に応えて、関西学園に新校歌「栄光の旗」が誕生したのは、今から十八年前（一九九〇年）のことでした。

作成の中心となったのは、関西創価小学校からの〝一貫教育一期生〟となる高校十五期生たちです。

関西校で新校歌作成の取り組みが本格化した一九九〇年二月、私は自由の天地アメリカで、平和への指揮を執《と》っていました。そして三月四日、アメリカから帰国したばかりの私のもとに届けてくれたのです。

歌の完成を、私は、本当に楽しみにしていました。

全力でぶつかってきた学園生の思いに応えたいと、思索を凝縮させ、ペンを走らせました。歌詞に大幅な直しを入れさせてもらいました。

曲づくりにも、「学園生が庭園の池のほとりで、仲良く語り合っているような、流れるようなメロディーで」等とアドバイスをしました。

何度も作曲を重ねた末に、最終の案となる曲が完成したのは、十五期生の卒業式の三日前、三月十三日でした。

翌十四日、それを聴いた私は、「とてもいい」と感動した。限界を打ち破り、何度も何度も挑戦した学園生の心意気が本当にうれしかった。ここに歴史的な師弟共戦の歌が完成したのです。

校歌の三番の歌詞はこうです。

ああ関西に　父子《ふし》の詩《うた》
これぞ我らの　誉《ほま》れの曲
ともに誓いを　果たさむと
世界を結べや　朗らかに

君も王者と　栄光の旗
君も勝利と　栄光の旗

東京の校歌には、深く掘り下げられた「学園の原点」があり、関西の校歌には、世界に飛翔しゆく「学園の栄光」が留められています。

その後も私は、東西の女子学園生の歌として、妻とともに「幸福《さち》の乙女」をつくりました。

また関西校に学園歌「関西創価　わが誇り」、関西学園寮歌「我らの城」を贈った。

皆、私が学園生と一体となってつくった「師弟の詩《うた》」です。

「怖れるな！　わたしが導くかぎり」

師弟の絆ほど、美しく、強いものはない。

師弟とは、ある意味で、親子以上の関係です。親子は動物にもありますが、師弟は人間にしかない。師弟があってこそ、本当の学問があり、英知があります。

師弟あればこそ、弟子は困難に飛び込んでいける。師弟がなければ、命を懸けた信念の戦いを貫くことは難しい。

人格を鍛える根本の力も師弟です。それが、師弟に生き抜いた私の実感です。

今、世界の各地、社会の各界で、学園出身の先輩方の活躍が生き生きと広がっている。立派な学園の伝統を築き上げてくださった先生方、また職員の方々、そして陰に陽に学園を護り支えてくださっている、すべての皆様に私は心から感謝申し上げたい。

堂々と
天《てん》にそびゆる
人材を
世界におくりし
わが師を讃《たた》えむ

『神曲』の師弟も本当に美しい。

師ウェルギリウスは、罪と罰とが激しく渦《うず》巻く「地獄」「煉獄」を進みながら、弟子ダンテを、時に温かく、時に厳しく、励まし続ける。

思いつくままに、紹介させてもらえば――

「怖れるな、わたしが君を導くかぎり」「怖れるな。われらの進むを妨げる力は誰にも無し」（前掲『神曲』2、寿岳文章訳）

「私について来い、勝手にいわせておけ。風が吹こうがびくとも動ぜぬ塔のようにどっしりとかまえていろ」（前掲『神曲』平川祐弘訳）

「必ず我等は戦に勝つべきである」（『神曲』中山昌樹訳、前掲『ダンテ全集』1所収）と。

すべて、そのまま、わが学園生に贈りたい言葉です。

一方、弟子ダンテは、「慕わしき蹠《あしうら》の跡《あと》を追うた」（同前）と、師匠の足跡《あしあと》までが慕わしいと感謝を捧げます。

「先達が希望を与え、光となってくれたのだ」「私がいかほど先生に恩を感じているか、私は生きている限り、世に語り世に示すつもりです」（前掲『神曲』平川祐弘訳）

敬愛する師の恩に応えたい――このダンテの報恩の心こそが、険《けわ》しき旅路を歩み抜き、勝利していく力となったのです。

地獄と煉獄の旅を終えるにあたり、師匠ウェルギリウスは、強く逞《たくま》しく成長したダンテの頭上に「冠《かんむり》」を授《さず》ける。

弟子の「成長と勝利」こそ、師にとって最高の喜びです。私にとって最高最大の喜びも、学園生一人一人の「成長」であり、「勝利」なのです。

若獅子《わかじし》よ
おお　頭《こうべ》には
月桂冠
乙女の髪には
英知の風吹け

女性リーダーが活躍！

『神曲』の最終部は、罪悪と争いに満ちた地底の「地獄界」や地上の「煉獄界」を見おろす「天国界」——大宇宙の旅でもあります。

この旅で、ダンテを導く役割を担うのは、高潔な女性のベアトリーチェです。

「おまえが望み憧《あこが》れる真実に向かってこの道を私が　どのように進むかをよく見ておきなさい」（同前）

「真理の上に未だ足を委《ゆだ》ねずして汝は　依然として身を虚妄《こもう》に回《めぐ》らしている」（前掲『ダンテ全集』3）

毅然たる女性の激励に対して、ダンテは心から感謝を述べます。

「正しい考えと誤った考えを証しながら　美しい真理のやさしい姿を私にしめした」（前掲『筑摩世界文学大系』11）と。

率先の模範を示しながら、時に凛然《りんぜん》と、時に理路整然と、雄弁をもって正邪を語り導く姿は、輝く創価の乙女を思わせる品格があります。

学園出身の女性たちの活躍を讃える声を、私は、社会の各界の方々から、本当によくうかがいます。皆、自分らしく、努力に努力を重ね、「使命の道」で輝いている。弁護士や公認会計士、政治家、外交官、医師、ジャーナリスト、通訳・翻訳者、大学や学校の教員など、社会の第一線で光を放っているメンバーもいます。小学校の校長も誕生しました。

またアメリカの名門カリフォルニア大学ロサンゼルス校（ＵＣＬＡ）など世界の名門大学で博士号を取得した人や、アメリカ創価大学を最優秀の成績で卒業し、オックスフォード大学やケンブリッジ大学の大学院に進んだ人もいます。

そして、多くの卒業生が、学園時代の誓いを胸に、信頼厚き地域のリーダーとして、全世界で活躍しています。

強く賢く清らかな心の女性こそが、世界を平和と善と調和の方向へとリードしていく――これがベアトリーチェに託したダンテの信念でした。

「女性の世紀」「生命の世紀」「平和の世紀」は、これからが本番です。皆さんこそ、その先頭に立つリーダーなのです。

君たちは私の生命！　使命の舞台で断じて勝利を！　愛する学園生とともに歌う創立者夫妻（2004年3月16日、創価学園で）　©Seikyo Shimbun

さて、『神曲』に登場するベアトリーチェは、ダンテを導きながら、天の高みへ高みへと上昇するにつれて、ますます目が輝き、姿の美しさが増していった。

それは「善行をおこなう時、心に感じる喜びが　増す」（同前）ことを譬《たと》えています。

正義と平和のために戦えば戦うほど、生命が躍動し、歓喜が増していく。心美しき学園出身の女性は、全員が「幸福の博士」であれ！「歓喜の人生」であれ！――私と妻はいつも、そう祈っています。

聡明な
私の娘の
香友会
幸福博士と
この世 勝ち抜け

三世まで
共に共にと
蛍会
なんと優しく
強き姫《ひめ》らよ

人間の変革こそ

わが創価学園は、天文教育が盛んです。

とくに関西校は、ＮＡＳＡ（アメリカ航空宇宙局）の教育プログラム「アースカム」への参加回数で「世界一」を更新し続けています。

「宇宙」という視点を持ち、「地球民族主義」という信念を持った平和の世界市民を育成する、素晴らしい伝統ができ上がった。

思えば、関西学園の第一回入学式で、私は、全国から集った乙女たちに一つの提案をしました。

それは、「他人の不幸のうえに自分の幸福を築くことはしない」という絶対平和の信条を、わが学園で身につけてほしいということでした。

この「自他共の幸福」を願う心こそ、仏法の真髄《しんずい》の心であり、「平和の世紀」の重要な指針です。

ハーバード大学での一回目の講演でも、私は、この学園の指標を紹介しました。最高峰の知性の方々からも深い共鳴が寄せられました。

「地球の変革」とは、どこまでいっても「人間自身の変革」から始まる。

自らの過酷な運命に打ち勝ったダンテは、人類の運命もまた変えられることを強く訴えました。

『神曲』でダンテは、意志の力は暴力よりも強いことを主張しています（前掲『神曲』平川祐弘訳、参照）。

また「意志の力が十分に養成されているならば、すべてに克《か》てるはずだ」（同前）とも言っている。

そして、地球をはるかに見つめながら――人類が、これまで歩んできた道は争いの絶えない道だった。未来を断じて変えなければならない。未来は変えられる！――と平和の大宣言を放っていくのです（天国篇第27歌）。

君に正義と勝利の月桂冠を

世界のために、未来のために、今は学ぶ時です。真剣に力をつける時です。

私は皆さんに、学問こそ、幸福の土台であり、正義の土台であり、勝利の土台であると強く申し上げたいのです。

ダンテは『神曲』の各篇の最後を、「星々＝ステレ」という言葉で結んでいます。

ダンテにとって「星」は、旅の「目的地」であり、還《かえ》るべき「故郷」です。そして、「永遠なるもの」「偉大なるもの」の象徴でもある。

創価学園は、永遠に、皆さんの還るべき魂の金の星なのです。

ダンテが愛読していた古代ローマの哲学者キケロは、こう語った。「困難が大きければ、それだけ誉れも大きい。いかなる場合にも、正義の働きを止めてはならないのである」（「義務について」高橋宏幸訳、『キケロー選集』9所収、岩波書店）

ダンテは二十年の亡命生活の中で『神曲』を書き続けて、死の少し前に完成させました。

晩年は、イタリアのラヴェンナの地に、家族を呼び寄せて平穏に暮らし、一三二一年の九月、このラヴェンナの地で生を終えました。

ダンテは勝った。堂々と勝ちました。

正義は勝ったのです。

ダンテを迫害した者は、歴史に汚名を残し、今なお厳しい断罪を受けています。

詩聖ダンテの名声は、その苦難の足跡《そくせき》ゆえに、ひときわ大きな光彩を人類史に放っております。

ダンテの頭上には、生前、彼が願っていた通り、月桂冠が冠《かん》せられたという。

月桂冠は、人類史に輝く偉大なる詩人にのみ贈られる「桂冠詩人」の証しでした。

そしてまた、月桂冠は、誇り高き「勝者」の象徴です。

わが学園生は、一人も残らず、人生の勝利者となっていただきたい。わが学園生の頭《こうべ》に、一人ももれなく、「幸福と正義と勝利の月桂冠」を贈りゆくことこそ、私と妻の夢であり、祈りです。

勇気を持って立ち上がれ！

私は、皆さん方の創立者として、二〇〇六年の一月、ダンテの祖国であるイタリア共和国より、「功労勲章グランデ・ウッフィチャーレ章」を拝受しました。

その折、私は謝辞をダンテの『神曲』の一節で結びました。

その言葉を、わが愛する学園生、そして大切な大切なわが弟子に贈り、第一回の特別文化講座とさせていただきます。

「さあ立ち上《あが》りたまえ」「どんな戦いの中でも必ず勝つ確固たる勇気をもって」

（『ジャン＝クリストフ』片山敏彦訳、『ロマン・ロラン全集』4、みすず書房の中で紹介）

忘るるな
　偉大な師弟の
　　契《ちぎ》りかな

勝ち抜けや
　正義の星と
　　学園生

グラッチェ！（＝イタリア語で「ありがとうございました！」）

〈主な参考文献〉

『神曲』ダンテ著・山川丙三郎訳・岩波書店、『筑摩世界文学大系11　ダンテ』野上素一訳・筑摩書房、『神曲』ダンテ著・寿岳文章訳・集英社、『神曲』ダンテ著・平川祐弘訳・河出書房新社、『ダンテ全集』中山昌樹訳・日本図書センター、『ダンテ』マリーナ・マリエッティ著・藤谷道夫訳・白水社、『ダンテ』R・W・B・ルイス著・三好みゆき訳・岩波書店、『ダンテ』野上素一著・清水書院、『ダンテ「神曲」講義』今道友信著・みすず書房、『土曜学校講義』矢内原忠雄著・みすず書房、『英雄崇拝論』カーライル著・老田三郎訳・岩波書店、『ユウゴオ論説集』ヴィクトル・ユゴー著・榎本秋村訳・春秋社書店、「哲学の慰め」ボエティウス著・渡辺義雄訳・『世界古典文学全集』26所収・筑摩書房、『勇気ある人々』ジョン・F・ケネディ著・宮本喜一訳・英治出版、「義務について」キケロ著・高橋宏幸訳・『キケロー選集』9所収・岩波書店、「ジャン＝クリストフ」ロマン・ロラン著・片山敏彦訳・『ロマン・ロラン全集』4所収・みすず書房編集にあたっては、創価大学池田大作記念創価教育研究所の研究者より多大な助力を得ました。ここに深く感謝の意を表します。

（編集部）

【著者略歴】

池田大作（いけだ・だいさく）

1928年～2023年。東京生まれ。創価学会第三代会長、名誉会長、創価学会インタナショナル（SGI）会長を歴任。創価大学、アメリカ創価大学、創価学園、民主音楽協会、東京富士美術館、東洋哲学研究所、戸田記念国際平和研究所などを創立。世界各国の識者と対話を重ね、平和、文化、教育運動を推進。国連平和賞のほか、モスクワ大学、グラスゴー大学、デンバー大学、北京大学など、世界の大学・学術機関の名誉博士、名誉教授、さらに桂冠詩人・世界民衆詩人の称号、世界桂冠詩人賞、世界平和詩人賞など多数受賞。

著書は『人間革命』（全12巻）、『新・人間革命』（全30巻）など小説のほか、対談集も『二十一世紀への対話』（A・J・トインビー）、『二十世紀の精神の教訓』（M・ゴルバチョフ）、『平和の哲学　寛容の智慧』（A・ワヒド）、『地球対談　輝く女性の世紀へ』（H・ヘンダーソン）など多数。

歴史《れきし》と人物《じんぶつ》を語《かた》る（上《じょう》）

2024年11月15日　初版第１刷発行
2024年12月20日　初版第２刷発行

著　者　池田大作《いけだだいさく》
発行者　松本義治
発行所　株式会社　第三文明社
東京都新宿区新宿1-23-5
郵便番号　〒160-0022
電話番号　03（5269）7144（営業代表）
03（5269）7145（注文専用）
03（5269）7154（編集代表）
振替口座　00150-3-117823
URL　https://www.daisanbunmei.co.jp/
印　刷　藤原印刷株式会社/TOPPAN株式会社
製　本　藤原印刷株式会社

ISBN 978-4-476-05057-8